ROMEON
VERLAG

Die Revolution nach Feierabend
1. Auflage, erschienen 4-2021

Umschlaggestaltung: Romeon Verlag
Text: Hans Erich Müller
Layout: Romeon Verlag

ISBN: 978-3-96229-328-4

www.romeon-verlag.de

Bibliografische Information der Deutschen Nationalbibliothek:
Die Deutsche Nationalbibliothek verzeichnet diese Publikation in der Deutschen Nationalbibliografie; detaillierte bibliografische Daten sind im Internet über *http://dnb.dnb.de* abrufbar.

Hans Erich Müller

Die Revolution nach Feierabend 1989/90

oder:

Die Abstimmung mit den Füßen

— Ich war dabei!

Motto:
40 Jahre DDR zu Ende, ein halbes Leben:
zwischen Angst, Anpassung und Aufmüpfigkeit.

Und wie weiter?
Nun bist du mit dem Kopf durch die Wand. Und was wirst du in der Nachbarzelle tun?

Stanislaw Jerzy Lec

Inhalt

Einleitung:

Vieles geht 32 Jahre nach unserer friedlichen Revolution unserm Gedächtnis und Andenken verloren, wenn es nicht schriftlich festgehalten wird.

Nie hätte ich (Chirurg im Ruhestand) zu hoffen gewagt, dass ich es nach 40 Jahren SED-Herrschaft noch erleben darf, noch einmal politische Freiheit zu genießen. Ich dachte eindeutig, unsere Machthaber, die verfetteten „Söhne der Arbeiterklasse" würden uns eher verhungern lassen, als von ihrer Macht mit „Zwangsbeglückung" auch nur ein winziges Stück abzulassen. Gut, wir hatten viel Glück mit der Abfolge der Ereignisse: -Das Schaufenster nach dem Westen (Fernsehen, Intershops, Besuchsreisen) ließen so manchen die Faust in der Tasche ballen, -Gorbatschows Perestroika und Glasnost (die sowjetischen „Brüder" brachen weg), -Polens Solidarnosc, die Dank des Papstes am Leben blieb, -Ungarns Grenzöffnung nach Österreich. -Das zu lange Dulden der führenden Genossen unter Honeckers seniler Fuchtel mit anschließender Uneinigkeit.

Aber möglicherweise waren die Machthaber auch nicht verbrecherisch genug, um ein Blutbad wie in China im Juni 89 anzurichten. Wie gesagt, Glück gehabt. Nun will ich aber nicht behaupten, dass wir heute den Himmel auf Erden haben. Schon in den letzten DDR-Tagen noch vor der Vereinigung prägte sich das Wort:

Dass das, was uns der Staatsbürgerkundelehrer über den Sozialismus erzählt hat, gelogen war, wussten wir. Aber dass er über den Kapitalismus die reine Wahrheit erzählt hat, wollte keiner wissen. Und es hat sich herausgestellt, dass es den meisten nicht so sehr um die Freiheit sondern um die D-Mark ging. Das Neue Forum und seine Sympathisanten wären sicher leicht platt zu machen gewesen, wenn nicht die Massen „mit den Füßen abgestimmt" hätten.

Sächsische Kleinstadt Meerane

Meine Frau (Kinderärztin) und ich lebten nach dem Studium in der sächsischen Kleinstadt Meerane. Nach und nach bekamen wir vier Kinder. Nach der Facharztprüfung arbeitete ich in Meerane als ambulanter Chirurg. Unser Chef war kein Eisenfresser und blieb immer Mensch. Wir arbeiteten ihm das Nötigste zu, und er hielt uns mit Sicherheit vieles von „oben" her ab. In dieser „Nischengesellschaft" (siehe Vorwendebuch von G. Gauß, BRD-Vertreter in der DDR), hätten wir alt werden können. Aber wir alle, die nicht zu den Nutznießern Macht gehörten, lebten immer **zwischen Angst, Anpassung und Aufmüpfigkeit.**

Zufriedenheit gehörte nicht zu den vorherrschenden Gefühlen. Eher Angst vor der Zukunft, denn diejenigen, die angeblich nur das Wohl des Volkes im Auge hatten, waren die größten Umweltschweine. Und die Arroganz der Macht, die immer Recht hatte, warnte uns davor, aus Versehen den schlafenden Löwen in den Schwanz zu zwicken.

Nach der gefälschten Wahl im Mai, dem Massaker in Peking und den Massenauswanderungen (über Ungarn oder per Antrag) gärte es deutlich im Lande, und die Meldungen über Oppositionsgruppen mehrten sich.

Seit Jahren gab es auch schon im Rahmen der Friedensgebete kirchliche Aktivitäten, die sich auch mit Umweltfragen befassten. Das war der Staatsmacht immer suspekt. Am liebsten sollten in den Kirchen nur „Kult und Beten" stattfinden. Aber die Friedensgebete waren eine unschätzbare Voraussetzung dafür, dass unter dem Dach der Kirche eine friedliche Revolution stattfinden konnte.

Friedensgebete in Meerane

Die Pfarrer, besonders aber Frau Pfarrerin Gertraude Eckart, setzten sich schon lange für Friedensgebete in Meerane ein. Von ihr stammt auch der zusammenfassende Bericht über das Vorfeld der Wende.

Frau Pastorin Eckard

Dass das Dach der Kirche eine der wichtigsten Voraussetzungen für die „Wende" war, wird von niemandem bestritten.

Aber die kirchliche Seite der „Wende" kam nicht aus dem Nichts.

Ökumenische Friedensdekaden

Sie hatten ihren Ursprung 1979 in den Niederlanden. Seit 1980 fanden sie im November in den Kirchen vieler Städte Ost- und Westdeutschlands statt. Gemeinsamkeiten an allen Orten

- der Zeitpunkt
- das biblisch orientierte Thema
- das Plakat

Das Symbol „Schwerter zu Flugscharen" war von Anfang an Kennzeichen der Friedensdekaden in der DDR. In Meerane begannen sie 1983.

Bis 1988 beteiligten sich an den Abenden in der St.-Martins-Kirche 10-30 Menschen. Gestaltet wurden sie von ehren- und hauptamtlichen Mitarbeitern der Kirchgemeinde.

Ablauf der Abende:

- Lieder, die vor allem Frieden, Gerechtigkeit und Bewahrung der Schöpfung zum Inhalt hatten.

Die Meeraner Kirche

- Nachdenken über den biblischen Text in Bezug auf das Thema und unsere Zeit.
- An den Gebeten konnte sich jeder spontan beteiligen.
- In einigen Jahren sind gestalterische Elemente verwendet worden, um das Anliegen des Themas zu vertiefen. Als z.B. die Noahgeschichte biblische Grundlage gewesen ist, entstand während der Abende ein Plakat mit dem Regenbogen. Er erinnerte an Gottes Zusage, unsere Welt zu erhalten und uns daran zu beteiligen.
- Das Entzünden einer Kerze nach jedem Gebetsanliegen spielte eine große Rolle als Zeichen der Hoffnung.

Themen der Friedensdekaden

Sie verbanden uns mit allen Gemeinden, die zu gleicher Zeit zusammenkamen, über den Frieden nachdachten und für ihn beteten.

1983 „Frieden schaffen aus der Kraft der Schwachen“
1984 „Leben gegen den Tod“
1985 „Frieden wächst aus der Gerechtigkeit“
1986 „Friede sei mit euch!“
1987 „Miteinander leben“
1988 „Friede den Fernen und Friede den Nahen“
1989 „Kain und Abel und was es heißt, ein Mensch zu sein“

Gerechtigkeit – Frieden – Bewahrung der Schöpfung

Unter diesem Thema riefen 1987 erstmals alle christlichen Kirchen und Gemeinschaften in der DDR zur Ökumenischen Versammlung auf.

Von Februar 1988 bis April 1989 dauerte der gemeinsame Konziliare Prozess. Er führte Menschen aus unterschiedlichen sozialen Schichten, Altersgruppen und Glaubensauffassungen zusammen.

Das Ziel allen Einsatzes war es, sich als Christ in der DDR den Überlebensfragen der Menschheit zu Gerechtigkeit, Frieden und Bewahrung allen Lebens zu stellen.

Chor und Altar der Meeraner Kirche

Drei vorrangige Aufgaben wurden auf der Versammlung verabschiedet:

- Sich einbringen
- für die Armen
- für die Gewaltfreiheit
- für Schutz und Förderung des Lebens

Viele Überlegungen wirkten sich in den politischen Veränderungen im Herbst 1989 aus. Das Nachdenken über diese Themen setzte jedoch schon viel früher in den Gemeinden ein, denn sie gehören zur Grundlage biblischer Aussagen. (Friedensgebete)

Auch an Meerane gingen diese Themen nicht vorüber:

- Gerechtigkeit
- das Teilen mit Schwächeren
- Friede untereinander
- mit Fern und Nah
- Einstehen für das Leben, auch das der Tier- und Pflanzenwelt.

Einige Aktionen

Befreit zum Frieden

Unter diesem Thema fand während der Friedensdekade 1985 im Kirchgemeindehaus ein regionaler Kirchentagskongress statt. Seine Unterthemen lauteten: - Frieden - nichts für Untätige - Braucht der Frieden gerade mich?

Zu Gast bei St. Martin

Unter diesem Thema begann die Friedensdekade 1987 mit einem Gottesdienst und dem Gemeindefest am Nachmittag. Im Mittelpunkt stand das Teilen untereinander und mit Schwächeren.

Mit einem Laternenumzug vom Kirchgemeindehaus zur Kirche und einem kurzen Friedensgebet sollte der Tag beendet werden.

Der Laternenumzug durch die Stadt wurde uns vom Rat des Kreises untersagt.

1988 haben wir daraus gelernt. Wir schickten die Kinder und Erwachsenen einzeln los. Letztendlich kamen alle auch ohne Genehmigung gemeinsam an.

Umzug geplant

Im März 1989 beschloss unsere Familie, nach Mühlhausen (Nordwestthüringen) zu ziehen, denn wenn wir dort bei der Tante weilten, musste meine Frau Ebba nie ihren Asthmaspray benutzen, den sie in Meerane 3x täglich brauchte, was den Industrieabgasen, über die keiner reden durfte, geschuldet war. Die Märzenbecherpracht im Schafstal bei Volkenroda gab den Ausschlag. Und so zogen wir einen Umzug nach Mühlhausen in nähere Betrachtung. Gründe gab es genug.

Das Schafstal im März

Wir wollten eigentlich nie unbedingt in das hässliche, dreckige Meerane ziehen. Nach ca. 20 Jahren waren wir in der kleinen Stadt so verfilzt, dass es auch nicht nur Vergnügen machte. Ebba sagte: „Alles was unter 1,50 m ist, kenne ich."(als Kinderärztin).

Bis auf die wagen Hoffnungen, ausgelöst von den Vorgängen in der Sowjetunion konnten wir natürlich nichts von den Veränderungen in diesem Jahr ahnen. Möglicherweise hätten wir auch aus beruflicher Ungewissheit keinen Umzug gewagt.

Vorher aber feierten wir wie jedes Jahr unsern Kirchenfasching im Kirchgemeindehaus unter dem Motto „Fernsehen", ein sehr passendes Thema, hatte doch die DDR-Führung den Kampf gegen das Westfernsehen grandios verloren. Ich denke, man kann den Anteil des Westfernsehens an der Unzufriedenheit der DDR-Bürger nicht hoch genug einschätzen. Wer sich den Westen nicht persönlich anschauen konnte, sah im Fernsehen ja nur die Schokoladenseite, die ihm den Abstand zum „realexistierenden Sozialismus" drastisch deutlich machte.

Das prächtige Kirchgemeindehaus Meerane

In meiner Büttenrede nahm ich den Werberummel aufs Korn, wobei sich unsere drei Töchter darüber amüsierten, dass ich in Vorbreitung der Büttenrede, die die Werbung kritisierte, selbst Werbung im Fernsehen anschaute, was ich ihnen immer vermiest hatte. Da ich diese Rede auch später verwendete, kommt sie erst später zur Sprache (in der Ballade).

Es fielen uns viele Sprüche für die Dekoration ein:

„Im Westen gibt es 3-Sat, bei uns haben es alle satt."

„Ruft der Bauer seine Sauen, müssen sie „Was bin ich" schauen!"

„Fällt der Wunschfilm einmal aus, wird vielleicht ein Wunschkind draus."

Als die Nachricht durchdrang, dass in Ungarn die Grenzen nach Österreich aufgemacht worden sind, dachte ich: „Schade, jetzt können wir nicht mal mehr in Ungarn Urlaub machen!" Dass das ein Irrtum war, und dass dadurch in Ungarn die „Dämme brachen" war mit Sicherheit eine wesentliche Ursache für den Genickbruch des DDR-Regimes. Also waren die „sozialistischen Brüder" doch nicht ganz so brüderlich rücksichtsvoll!

Wegen des geplanten Umzugs nach Mühlhausen pendelten wir natürlich öfter nach Mühlhausen. Am Sonntag der berüchtigten Wahl im Mai fuhren wir über Jena zurück und besuchten dabei unsere Studienfreunde Joe und Irene Misselwitz. Joe musste schnell weg ins Wahllokal, denn man hatte in einer Reihe von Wahllokalen Beobachter, die durch ihre gute Organisation zweifelsfrei den Wahlbetrug in Jena nachweisen konnten. Es war schon eine spannende Sache, und die Zeit dafür war offenbar reif, bei allen Rückschlägen und Entmutigungen.

September 1989

Unser Freund Volker Blechschmidt aus Ebersbrunn bei Zwickau war gerade bewusst aus der DSF ausgetreten. Er erzählte uns von einem Fall von echter deutsch-sowjetischer Freundschaft. Seine Frau Dorothea war zur Kur im Kaukasus. Sie lernte eine Russin kennen, die sehr an ihr interessiert war, um Deutsch sprechen zu können. Sie hatte nach dem Krieg Kriegsgefangene betreut und konnte offenbar viel Menschliches für sie tun. Sie kannte auch einen Namen aus Eibenstock, welches in der Nähe von Ebersbrunn ist.

Dorotheas Nachforschungen führten zu einem Bergprofessor in Freiberg, der einer der alten Kriegskammeraden war, die sich sehr häufig trafen. Die Russin und ihr Mann wurden eingeladen und in der ganzen DDR herumgefahren. Von den westdeutschen Teilnehmern erfuhr sie, dass sie in ihren Medien systematisch belogen und dumm gehalten wurden.

Auch eine Gegeneinladung nach Wolgograd wurde wahrgenommen. Die Kriegskameraden waren sich alle einig, dass sie ihrer Betreuerin das Leben zu verdanken hatten.

Die eingeladenen Russen wunderten sich, dass die Westdeutschen genug Kartoffeln (und anderes) zu essen hatten. Diese absolute Desorientierung der russischen Bevölkerung durch die Medien zeigt einmal mehr, welches Glück wir hatten, uns in den Westmedien orientieren zu können. Ohne dies wäre unsere friedliche Revolution längst nicht so glatt gelaufen, wenn überhaupt. Die Westwerbung war sicher ein wesentlicher Faktor, der DDR den Hals zu brechen.

Im September durften wir zum Verwandtenbesuch in die BRD fahren, bei dem wir u.a. auch unsern Freund, den Radiologen Dr. Udo Müller in Quakenbrück besuchten. Er stammte aus Meerane, und sein Vater war dort ein beliebter Internist.

Udo hatte einen Verwandtenbesuch im Westen genutzt, um drüben zu bleiben. Seine Frau Gudrun hatte die Schikanen der Stasi abzufangen und stellte den Ausreiseantrag.

Udo Müller, unser Freund in Quakenbrück

Er wartete seit ca. zwei Jahren darauf, dass seine Familie aus der DDR ausreisen durfte. Er sagte uns: „Dass ihr die Gudrun nicht habt fallen lassen wie eine heiße Kartoffel, werde ich euch nicht vergessen!" So schnell kann man zum Wohltäter werden! Udo hat uns sein Auto zur Verfügung gestellt, so dass wir die Gegend mit Cloppenburg und Oldenburg erkunden konnten.

Auf der Heimfahrt mit dem Zug musste man natürlich immer mit schikanöser Behandlung durch die Grenzer rechnen. Auch jetzt wurde hinter jeden Klappsitz auf dem Gang und unter jede Sitzbank geguckt. Man bemühte sich offensichtlich um Zurückhaltung, aber man wurde natürlich darauf hingewiesen, dass Presseerzeugnisse aus dem „kapitalistischen Wirtschaftssystem" von der Ausfuhr ausgeschlossen seien. Ein etwas übermütiger Fahrgast meinte, er habe das „Neue Deutschland" in Basel gekauft, ob er auch das abgeben müsse. Der Grenzer blieb korrekt und ließ sich nicht provozieren. Wie er zum Mindesten ein Lächeln vermeiden konnte, bleibt sein Geheimnis.

Als wir dann nach Hause kamen, sind wir natürlich nicht schnurstracks zu Gudrun Müller gelaufen. So dumm waren wir nun auch nicht. Gudrun war zwar erst ein bisschen sauer, aber sie hat unsere Gründe akzeptiert. Pikanterweise bekam sie mit ihren Kindern Ende November 89 die Ausreise.

Meine Frau Ebba trat ihre neue Arbeitsstelle in Mühlhausen im August 1989 an, während meine Arbeitsstelle erst im Januar 1990 frei wurde. Daher arbeitete ich zunächst weiter in der Poliklinik Meerane.

Dass es nach der Grenzöffnung der Ungarn, nach den Ereignissen auf dem „Platz des Himmlischen Friedens“ in Peking und nach den nachweisbaren Wahlfälschungen immer mehr im Lande brodelte, war nicht zu übersehen. Wer einen Ausreiseantrag gestellt hatte fuhr mit einem weißen Bändchen an der Autoantenne als heimlichem Zeichen umher. Wir hörten von den immer größer werdenden Demonstrationen in Leipzig, die sich aus den Friedensgebeten entwickelt hatten.

Gudrun und Udo nach der Wiedervereinigung (in zweifacher Hinsicht)

Bei uns geht's los

5. Oktober

Mein Freud, Dr. Peter Ohl, Allgemeinpraktiker, rief mich während der Sprechstunde an und bat mich, ich solle doch mal in seine Praxis auf dem IFA-Gelände kommen. (Dort wurde übrigens der „Lumpenpressling" hergestellt, die Karosse des Trabi.) Ohl hatte schon zahlreiche Anträge zur Reise zu seinem „entwesteten" Bruder gestellt, die alle abgelehnt wurden. Da schrieb er an den Kreisarzt, dass er den Arztberuf an den Nagel hängen werde.

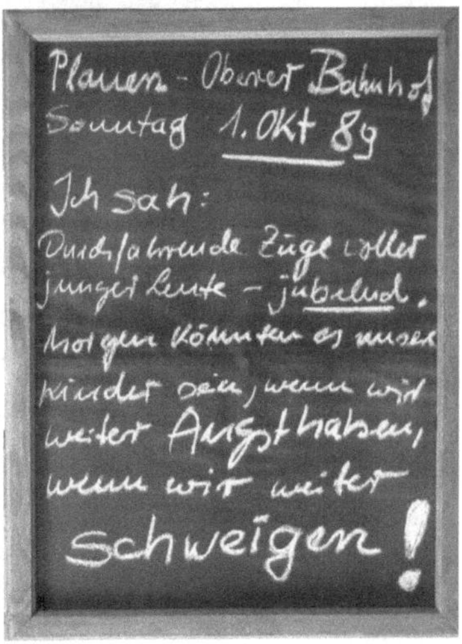

In seinem Wartezimmer hatte er ein Bild aus dem Rahmen genommen und auf die schwarze Rückwand mit Kreide wie auf eine Tafel geschrieben. Der Text:

Plauen, Oberer Bahnhof, Sonntag 1.Oktober 89 Ich sah: Durchfahrende Züge voller junger Leute – jubelnd. Morgen könnten es unsere Kinder sein, wenn wir weiter Angst haben, wenn wir weiter schweigen!

Da hatte ich erst einmal Angst um Peter Ohl. Bis 89 hätte das zu Knast gereicht. Wie ich später erfuhr, rief der Direktor der IFA aufgebracht bei unserm Chef, Dr. M. Bressau, an und forderte sein Eingreifen. Dieser schmetterte ab mit der Begründung, dass er jetzt Sprechstunde habe und nicht weg könnte. Als Peter Ohl nichts passierte und er im Gegenteil plötzlich doch die Besuchsreise genehmigt bekam, fiel die Angst von mir ab.

7. Oktober

Vor der Königswalder Kirche (Bild nach der „Wende")

In der kleinen Dorfkirche von Königswalde bei Zwickau fand seit vielen Jahren zweimal jährlich ein Friedensseminar statt. Es war turnusgemäß auf den 7. Oktober (Staatsfeiertag) gelegt worden. Das Thema lautete: „40 Jahre DDR, was war, was ist, was wird?" Als der Referent mit „was war" und „was ist" fertig war, sagte er: „was wird" kann ich kurz halten: entweder wir bekommen Reformen oder eine „chinesische Lösung". Es rieselt mir dabei heute noch den Rücken runter.

Mehrere junge Leute aus „Karl-Chemnitz" berichteten darüber, wie sie am Vormittag bei einer völlig friedlichen Demo von der Polizei mit Wasserwerfern „behandelt" worden waren. Da sagte ich zu unserm Pfarrer Könitz, der auch mit in Königswalde war, dass wir doch mal etwas zur Solidarität zu den Leipziger Demos machen sollten. Sicher war er auf meinen Hinweis nicht angewiesen, denn zum angesetzten Friedensgebet vom 9. Oktober waren plötzlich ca. 400 Leute in unserer Kirche, nur durch Mundpropaganda.

9. Oktober

Als Pfarrer Könitz so viele Leute begrüßen konnte, sagte er in seiner trockenen Art: „Ich hoffe, sie haben nicht das Datum verwechselt. Wir haben heute nicht den 24.12. Aber wenn nun schon mal so viele Leute hier sind, dann machen wir es heute mal anders. Dann erzählen wir uns einfach mal, was uns so beschwert."

Pfarrer Könitz

Und da ging es los. Die Stimmung bewegte sich zwischen Angst und Aufmüpfigkeit. Eine Frau sagte: „Ich habe Angst, dass mein Bruder mit der Kampfgruppe vor der Tür steht." Eine andere: „Ich habe Angst, dass die uns wieder einmauern!" Darauf der Pfarrer: „Die haben uns doch noch gar nicht ausgemauert."

Ich weiß noch genau, was ich gesagt habe: „Natürlich ärgert es mich, dass wir vieles nicht kaufen können und dass wir nicht frei reisen können, aber am schlimmsten finde ich, dass sie uns für so doof halten. In der heutigen Zeitung steht über den 7. Oktober in Berlin sinngemäß: Einige Störenfriede wollten das Volksfest anlässlich des 40. Jahrestages stören. Aber dank der Besonnenheit unser „Organe" konnte die Ordnung schnell wieder hergestellt werden und das Volksfest ungestört fortgesetzt werden.(Zitat Ende) Ich finde es entwürdigend, dass man uns solche Lügen vorsetzt, wo doch jeder im Westfernsehen gestern sehen konnte, wie man die Demonstranten durch die Straßen gejagt und auf LKWs verladen hat!"

Die Veranstaltung dauerte lange. Die Thesen des Neuen Forums wurden herumgereicht. Es wurde erzählt, dass in Betrieben erzählt werde, dass das Neue Forum die DDR abschaffen wolle. Da davon in den Thesen nichts zu lesen war, konnte man die Befürchtungen zerstreuen.

Später erfuhr ich, warum zumindest in Meerane die Befürchtung unbegründet war, dass die Kampfgruppe vor der Kirche warten würde. Die Geschichte wurde so erzählt:

Die BSG (Betriebssportgemeinschaft) Wandern machte am 7. Oktober einen Ausflug mit Kind, Kegel und Bierwägelchen. Ein Anruf (wohl eines Witzboldes) erreichte die Stasizentrale: ein Demonstrationszug bewege sich von Seiferitz in Richtung Meerane. Dieser „Demonstrationszug" wurde von einem LKW voll Betriebskampfgruppe und 4 oder 5 Polizeiwagen eingekreist und gestellt. Bei den Ausflüglern waren mehrere „brave" Genossen, die sich über die Zumutungen dermaßen aufregten und die Einsatzleute beschimpften, dass man sich in Meerane offenbar keine weitere Blamage einhandeln wollte. Natürlich kann ich mich für die Richtigkeit dieser Geschichte nicht verbürgen. Vielleicht wissen andere es im Zweifelsfall zu berichtigen.

Ca.11. oder12. Oktober

Hof des Meeraner Krankenhauses

Die Kaderleiterin des Meeraner Krankenhauses, Frau Gutzi tritt an mich heran, ich solle mich doch für die Erhaltung des Meeraner Krankenhauses stark machen. Was steckt dahinter? Chefarzt Elschner ist Mitglied der Kreisparteileitung, offenbar deshalb, weil er so am besten für den Erhalt des Meeraner Krankenhauses eintreten kann. Das Glauchauer Kreiskrankenhaus unter Federführung von CA Stäudtner junior möchte es zu gern seit Jahren „wegrationalisieren". Es gibt viele Argumente für oder auch dagegen.

Ich bin dagegen, schon weil die vielen Investitionen ins Krankenhaus und OP vergeudet wären und die Meeraner längere Wege nach Glauchau hätten. Kleine Krankenhäuser haben von der menschlichen Zuwendung her für mich ihre Daseinsberechtigung. (Mir ist bewusst, dass ich hier nicht nur im Sozialismus, sondern auch im Konkurrenzkampf des Kapitalismus als Exot gelten muss.)

Zurzeit findet alle Chirurgie in Meerane statt, weil in Glauchau umfangreich rekonstruiert wird. Städtner junior arbeitet also z.Z. in Meerane als Chefarzt unter dem Ärztlichen Direktor Elschner.

Wie dem auch sei, ich schreibe also einen Brief unter Berücksichtigung der neuen Lage an die Kreisparteileitung (Leider nicht mehr erhalten.) Städtner junior erteilt mir Hausverbot, was Elschner grinsend wieder auf hebt. Immerhin hat sich das Meeraner Krankenhaus (sicher nicht durch meine Intervention) noch etliche Jahre gehalten.

Chefarzt Elschner

16. Oktober

Beim Friedensgebet in der Kirche waren schätzungsweise 700 Personen anwesend. Alle Emporen waren besetzt. Die Stimmung war nur noch aufmüpfig, nicht mehr ängstlich. Man rief: „ Parteigenossen in die Produktion!" Aber es gab auch Sachliches. Der Pfarrer gab bekannt, dass der (erst seit Mai amtierende) Bürgermeister Müller nach der Veranstaltung zu einem Gespräch ins Rathaus einlade. Jemand rief: „Wieso kommt der Bürgermeister nicht in die Kirche?" Der Pfarrer antwortete: „Weil er nicht konfirmiert ist."

Die Angst hatte der Revolte Platz gemacht. Das Gespräch mit dem Bürgermeister, das nicht von 700, aber vielleicht 15 Leuten wahrgenommen wurde, wurde von diesem recht geschickt geführt. Man stach bei ihm in Watte, man rannte offene Türen ein.

Als ich nach der Veranstaltung etwas euphorisch einen Freund ansprach, der bisher nichts mitgemacht hatte, war sein Kommentar nur: „Wirst es sehen, die machen das Neue Forum sowieso auch wieder tot!“ Ich widersprach heftig. Allerdings wussten wir wirklich nicht, auf welchem Vulkan wir tanzten. Im Nachhinein denke ich, dass die Würfel in Leipzig am 9. Oktober gefallen sind, als die Demo trotz Honeckers eindeutigem Schießbefehl ohne Gewalt verlief. Deshalb ist dieser Tag für mich auch der wichtigste Wendetag. Die Maueröffnung war für mich ab 16.10. nur eine Frage von Zeit und Geduld. An Wiedervereinigung dachte ich zu diesem Zeitpunkt keinesfalls. Ich hätte auch mit einem “Sozialismus mit menschlichem Antlitz“ leben können. Dass dies angesichts der Abstimmung der DDR-Bürger „mit den Füßen“ eine Illusion war, begriff ich viel später.

18. Oktober

Die Poliklinik macht eine Veranstaltung in der Zahnabteilung, in der mein Engagement für das Meeraner Krankenhaus zur Sprache kommt. Da mein Umzugsplan bekannt war, fand jemand dies Engagement anstößig, wo ich doch weggehen wolle. Ich versuche klar zu machen, dass mir Meerane trotzdem weiter am Herzen liegt. Selbst todgeweihten Kranken ist oft nicht egal, was aus ihrer Familie o.a. wird. In die Veranstaltung platzt die Nachricht vom Rücktritt Erich Honeckers hinein. (Natürlich aus Gesundheitsgründen).

19. Oktober

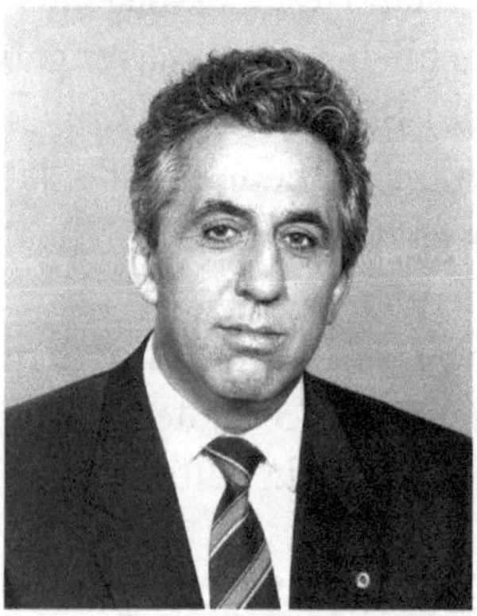

Ich sitze vor dem Fernseher und die widerliche Visage von Egon Krenz sagt, dass er den Auftrag bekommen habe, eine neue Regierung zu bilden. War mir schon die Person von Erich Honecker nicht lieb oder gar sympathisch. Aber gegen diesen „Grinsoptimisten“ hatte ich eine körperliche Abneigung! Im Fernsehen werden Szenen von Arbeitern mit Krenz gezeigt, wo er für einen Neuanfang wirbt und an geistiger Schwabbelmasse nicht zu überbieten ist. Er redet dauernd von Dialog, was von Spaßmachern als Vergangenheit von Dialüge aus seinem Mund kommentiert wird.

25.Oktober

Beim Friedensgebet ist die Kirche rappelvoll. Vier Redner kommen zu Wort. Herr Weiß als Vertreter des Neuen Forums, Johannes Groschwitz für die Umwelt, wahrscheinlich Dr. Ohl, Erhard Knappe (worüber?) und ich.. Ich habe in der Zeitung gefunden, dass Egon Krenz in seinem endlosen Regierungsantrittsreferat sagte, man habe nicht genug auf das Volk gehört und deshalb das Vertrauen verloren. Ich sage in meiner Rede, man solle das Neue Forum schleunigst anerkennen, denn sonst könnte es sein, dass man wieder einmal nicht genug auf das Volk gehört habe. Die Stimmung ist optimistisch und gut.

Nebenbemerkung zum 25. Oktober: Ich stellte meinen Töchtern, deren damaligen Freunden und weiteren Freunden unsern Familienbarkas zur Verfügung, damit sie die Demo in Leipzig besuchen konnten. Natürlich wusste niemand ob Kinder und Auto „ungeschoren" wiederkommen würden. Aber wie oben gesagt, war die Angst von mir abgefallen. Sie haben in Leipzig keinerlei Kontrollen oder Schikanen erlebt. Bei der Demo sollen 200.000 Teilnehmer geschätzt worden sein.

Keine Nacht komme ich vor 2 Uhr ins Bett.

1. macht das Zeitungslesen wieder Spaß, und
2. sagt mir niemand, wann ich ins Bett gehen soll, da meine Frau ja in Mühlhausen ist.

2. November, 5 Uhr

Am 2.November 89 fiel mir morgens ca. 5 Uhr folgendes Märchen ein, welches ich am gleichen Abend bei der Großveranstaltung in Meerane und dann später auch in Mühlhausen in St. Joseph zu Gehör brachte:

Ein Märchen für die, die ausziehen wollen, weil sie das Gruseln gelernt haben.

Es macht wieder Spaß, in **D**ornröschens **D**ornenvollem **R**eich zu leben.

Dornröschen ist aus einem langen Schlaf wach geküsst worden. Wie konnte es dazu kommen, dass sie schlief, eingeschlossen in den Dornen der Resignation, der Sinnlosigkeit, der Sprachlosigkeit?

Wie konnte Dornröschen in einen solchen Schlaf verfallen? Das wird eine spätere Geschichte erzählen, denn das ist Vergangenheit. Tatsache ist, sie lebt.

Unser Prinz heißt Michail, der Tapfere, (Gorbi) der eine Lücke in die Hecke schlug, der Dornröschen mit einem langen, schmerzhaften Kuss weckte, mit einem Kuss, der mit der Beseitigung von Stacheldraht im Nachbarland „Un-Garn"(Kein Zwirn) begann. Da riss sie sich an dem Stacheldraht, und diese Wunde ging tief bis ins Herz. Nach dem Blutverlust durch die Spindel seit vielen Jahren kam der Blutverlust durch die Wunde im Herzen, weil so viele sie verlassen haben.

Sie lebt, aber sie ist sehr geschwächt. Sorgt dafür, dass sie nicht verblutet, jetzt, wo sie wieder lebendig ist und wach! Dornröschen kann keinen weiteren Blutverlust vertragen! Bleibt im Lande und spendet ihr Blut und Leben.

Schlagt alle überflüssigen Hecken kurz und klein, damit wieder etwas wachsen kann. Aber zerhaut nicht die Rosen dabei, auch nicht die Roten, obwohl sie sich nach wie vor für die Schönsten halten.

Macht aus Dornröschens Dornenvollem Reich Dornröschens Dauerhaft Demokratische Reformrepublik!!

Dies schrieb einer, der nicht ausziehen musste, um das Gruseln zu lernen, der aber glaubt, dass man es wieder verlernen kann!

2. November

Eine Veranstaltung im Klubhaus der Jugend ist angesetzt. Die Kreisgrößen aus Politik und Wirtschaft sollen Fragen aus dem Volk beantworten. Das Klubhaus ist rettungslos zu klein. Man beschließt, vor die Tür, auf den „Schützenplatz" zu gehen. Die Vertreter der Kreisparteileitung, der Bürgermeister Müller, der LDPD-Vertreter Roth, der Direktor von „Wolle und Seide" (Vielleicht habe ich wen vergessen, aber die kann man dann auch vergessen) stehen vor dem

Klubhaus der Jugend („Schützenhaus")

Volk und müssen Fragen beantworten. Die beste Figur macht Bürgermeister Müller, der ja relativ neu ist. Die Kreisparteileute werden nach ihren Privilegien gefragt und eine Dame sagt: „ Meine Privilegien bestehen darin, dass ich mit dem Fahrrad zur Arbeit fahre". Es ist eine aufgeheizte Stimmung und die Dame hat einiges auszuhalten.

Das Unangenehme ist, dass hier Leute rumgrölen, die nicht unbedingt zur Elite von Meerane gehören. Ich sehe mehrere, die mir aus der Sprechstunde bekannt sind unter dem Motto: Krankenschein ist Belohnung und arbeiten müssen ist Bestrafung. Die Veranstaltung drohte zum „Schlachtfest" auszuufern. Ich stand an einem Seitenmikrofon, und so ergriff ich die Gelegenheit, die Emotionen zu dämpfen, später auch mit dem Märchen, das ich mir am frühen Morgen ausgedacht hatte. Das gelang, wenigstens vorübergehend. Dr. Ohl versuchte von der anderen Seite her, die aufgebrachten Leute zu beruhigen.

Dann kam ein unvergessliches Erlebnis und einer der Gründe, warum ich Peter Ohl tief bewundere. In voller Gelassenheit und völlig sachlich fragte er den Kreisvorsitzenden der LDPD, Roth: *„Herr Roth, angenommen, wir hätten freie Wahlen, wäre die LDPD in der Lage, im Falle eines Wahlsieges, die Präambel ihres Statuts über Bord zu werfen, „unter Leitung der SED" und die Regierung zu übernehmen?"* Die stammelnde Antwort und das Winden des Herrn Roth waren nur zu deutlich.

Nach einer Weile unterbrach Peter Ohl: *„Herr Roth, Sie eiern rum. Könnten sie mal zu meiner Frage etwas sagen?"* Herr Roth eierte weiter herum, worauf Peter Ohl ihn wieder unterbrach und sagte:

„Herr Roth, sie haben der LDPD, der ich selber nahe stehe, einen schweren Schaden zugefügt. An Stelle ihrer Partei würde ich mich von ihnen trennen." Diese fast elegante Art war ein angenehmer Kontrast zu den rüden Grölereien, bei denen die „Examinierten" fast nicht zu Wort kamen. Ich wusste schlagartig, dass dieser Mann für Meerane noch eine große Bedeutung bekommen würde.

4. November

Ich konnte die große Demo in Berlin im Fernsehen verfolgen, die vielen guten Beiträge, aber auch das verzweifelte, fast rührende Bemühen von Schabowski, den Schulterschluss mit der Sowjetunion

zu beschwören. Am schönsten fand ich das riesige Plakat mit Egon Krenz als Wolf im Großmutterbett. An diesem Tage war ich gerade in Mühlhausen und musste schleunigst in die größte Mühlhäuser Kirche rennen, um noch einen Stehplatz für die dortige Veranstaltung zu bekommen. Hier wurde nämlich auch ein „Schlachtfest" durchgeführt. Dabei ging es auch hoch her, aber sehr viel ruhiger als in Meerane, denn der angegriffene Kreisschulrat verblüffte die Demonstranten durch seine totale Kehrtwende und machte viele sprachlos. Man konnte deutlich die Spirale sehen, zu der sein Hals geworden war.

7. November

Dr. Peter Ohl rief etwa ein Dutzend Leute in den Gemeinderaum Marienstraße zusammen und machte deutlich, dass wir dringend ein Informationsblatt ins Leben rufen sollten. Damit war das Meeraner Blatt geboren, das am 18. 11. erstmalig erschien. Dessen Bedeutung kann kaum überschätzt werden.

Die Grenze ist auf!

9. November

Der Karnevalsverein spricht ab, was am 11.11. auf dem Marktplatz zur Karnevalseröffnung gesprochen und gezeigt werden soll. Die Grenzöffnung erfahre ich erst am nächsten Morgen. Eigentlich bin ich nicht sehr überrascht, denn nachdem deutlich wurde, dass es friedlich blieb, war es für mich nur eine Frage der Zeit, wann die Grenzen aufgemacht würden.

11. November

11.11.88 auf dem Marktplatz Meerane (Bild vom Vorjahr)

Auf dem Marktplatz sind weniger Leute als erwartet, denn viele haben sich nach Bayern aufgemacht. Meine Büttenrede musste rasch umgeschrieben werden.

Büttenrede zum 11.11.89 auf dem Meeraner Marktplatz

Motto: Sicher ist in jedem Fall: Narren gibt es überall!

Ihr Wissen manche Leitung zog
aus dem nur, was die Zeitung log.

Nützt früher sie zum Feuermachen,
zum Fliegenklatschen und so Sachen.
Aus einem lahmen Suppenhuhn
erhob sie sich ganz plötzlich nun
und fand ganz schnell ne neue Masche,
grad wie der Phönix aus der Asche.

Ne Stunde braucht man täglich nun
und kann nicht mehr wie früher ruhn.
Ich les die Zeitung jetzt gebannt
und warte auf sie stets gespannt.

Seht, so mancher sich nun dreht,
je nachdem der Wind grad steht.
Vor fünf Wochen, oh wie fein,
peitscht er noch Parolen ein.
Jetzt bekennt er unumwunden,
dass Reformen er erfunden.
Will man gute Lösung finden:
Nicht so bei der Wende winden!
Dass man schnell die Kurve kriege.
Dialog wird Dialüge!
Mancher sich nun angstvoll fragt.
Doch Professor Date sagt:
Artenschutz gilt jedenfalls
stets auch für den Wendehals.

Ein Gesetz für Auslandsreisen
soll Reformen uns beweisen.
Laut bricht Hänschens Jubel aus:
In die weite Welt hinaus!
Denn nach Japan kannst du nun,
Schweden, Rom und Kamerun.
Ob als Tramper, ob mit Zug,
Reisemittel nicht genug!
Greife, und damit wird´s Asche,

einem Nackten in die Tasche.
Reisen ist ja wunderschön.
Den Tourismus man entfache.
Doch WIE du ins Ausland kommst,
ist alleine deine Sache.

Unsre große Flüchtlingswelle
war´n „Asoziale und Kriminelle".
So erfuhr man frei und frisch
von Schnitzler und von Harry Tisch.
Nun, zum Wohle von uns allen
sind beide untern Tisch gefallen.
Egon, unser Berufsoptimist,
nicht mehr weit vom Gruseln ist.
Dass man jetzt noch flieht in Menge,
Autoschlangen – Überlänge,
auf dem Bahnhof viel Tumult,
wer ist daran denn wohl Schuld?
Früher saß in Bonn der Grund,
und es war der Werbung Schund.

Durch die Demos auf den Straßen
entdeckte man die eignen Nasen.
Führer unsrer Republik:
WEITER mit der SELBSTKRITIK!

Aber die noch jetzt ausreisen,
sehr viel Unverstand beweisen:
So, als wartest du sehr lange
vor´m Geschäft in einer Schlange.
Nach drei Stunden hast du´s dick
und du sagst: Ich geh zurück.
Stehe hier umsonst vor´m Haus,
kurzerhand, ich reise aus.
Da bewegt sich das Rollo!
Viele jubeln hoffnungsfroh.

Erst geht es noch etwas sacht,
denn ´s Geschäft wird aufgemacht.
Fast drückt man die Türe ein,
denn nun geht's ins Haus hinein.
Doch du selbst bleibst stehn davor,
weil die Hoffnung man verlor.
Gehst mit Ärger im Gesicht
heim und sagst: Nun grade nicht!
So verhält sich, das steht fest,
wer noch heut das Land verlässt.

Bis zum Mai hat´ bei der Wahl
nie ein Wähler eine Qual.
Denn es war wie bei den Alten:
Falten – statt sich zu entfalten!
Nur die Zähler sind gequält:
Hab´n sich ab und zu verzählt.
Die Partein, so war´s gemeint,
brüderlich im Block vereint.
Freundschaft tut doch keinem weh:
Umarmung durch die SED.
Fröhlich an die Brust gedrückt,
hat der Block kaum Luft gekriegt.
Die Volkskammer war bis in unsre Zeit
die organisierte Belanglosigkeit.
Am Montag hat sie nun die Chance,
zu zeigen, dass sie sich was traut,
dass sie nicht nur ´ne Stimmmaschine,
sondern dem Volk aufs Maul jetzt schaut!

Warum heißt der Egon: Krenz?
K(G)renztruppen sind seine Fans!
Jetzt ganz plötzlich über Nacht
wurd´ die Grenze aufgemacht.
Jeder denkt: Ich bin nicht doof,
hol mir 100 Mark in Hof!

Ein Gerammel an den Grenzen,
viele Kinder Schule schwänzen.
Und die Mauer, wie ihr wisst,
inzwischen schon ein Steinbruch ist.

Mauerspecht

Grenzenlos mit Egon
Krenz!!!
Sind wir alle seine Fans?

Fassadenbild in Mühlhausen, Maler: Marco Wrzozowski aus Premnitz

Bei den weiteren Demos bzw. Friedensgebeten hört man Sprechchöre wie ***Chinalob und Wahlbetrug, Egon Krenz, es ist genug!***

Und, für mich sehr überraschend, tauchten Schwarz-Rot-Goldene Fahnen mit Bundesadler auf.

Ich habe nach dem 26.11. den Aufruf von Christa Wolf unterstützt: „Für unser Land, Aufruf zur Bewahrung der Eigenständigkeit der DDR". Nach dieser Passage meiner Rede war jedenfalls nur sehr zögerlicher Beifall. Im weiteren Fortgang berichtete ich über einen Aufruf von Gregor Gysi, der meinte, die Genossen sollten sich an die Spitze der Volksbewegung setzen. Mein Kommentar lautete: "Ich will nicht an den guten Absichten von Gregor Gysi zweifeln, aber ich habe etwas dagegen, wenn sich die Genossen an die Spitze der

Gregor Gysi

Volksbewegung setzen." Das sah offenbar die ganze versammelte Menge in der Kirche genau so: Brausender Applaus!! -

Ich selbst habe mich manchmal gefragt, warum ich nie einen politischen Posten angestrebt habe. Ich denke, ich kann mich auch voll für eine Sache einsetzen, aber mein Harmoniebedürfnis macht mich zu dünnhäutig. Peter Ohl hatte immer schon einen viel besseren Sinn für Machbares und einen viel besseren Überblick über die demnächst notwendigen Schritte. Es ist anzunehmen, dass er viel früher als ich die Illusion aufgegeben hat, dass eine eigenständige DDR mit menschlichem Antlitz möglich wäre.

Die „Staatsmacht“ knickt ein!

24. November

Im Klubhaus der Jugend wird eine Veranstaltung angeboten mit Vertretern der Schulbehörde, mit Betriebsdirektoren u.a. Die staatliche Schulpolitik wird kritisch auseinander genommen.

Im Gedächtnis ist mir, dass eine Schulrätin fast wie beiläufig erklärt, dass sich Russisch gegenüber dem Englischen wohl doch nicht als Weltsprache durchgesetzt habe.

Die Direktorin von den „Technischen Textilien“ (TETEX) wird gefragt, was man zu tun gedenke, dass die Kleingärtner in der näheren Umgebung wieder ihre Erdbeeren verwenden dürften, was (wegen der Abgase) bisher untersagt war, worüber aber bisher nur unter vorgehaltener Hand geredet wurde. Die Antwort war verblüffend: Der Schornstein werde 8 Meter erhöht, dann verteile sich das ganz anders.

Ich zitierte hierzu passend ein damals frisch aufgekommenes Wort: *Ökologisch sind wir in der Situation eines Menschen, der aus dem 10. Stockwerk fällt und in Höhe des 5. Stockwerks sagt: „Was wollt ihr denn? Es ist doch noch gar nichts passiert.“* Die Angriffe der Zuhörer wurden weich federnd abgefangen. Bei den examinierten Veranstaltern stach man auch wieder nur in Watte. Es ging sehr viel domestizierter und gesitteter her als am 2. November auf dem Schützenplatz.

Nach der Veranstaltung zog ich mich mit den drei Freunden meiner Töchter zurück, da wir für die Demo am nächsten Tag noch Plakate malen wollten.

Echowand der IFA

25. November

Bei der Demo auf dem „Schützenplatz“ hatte man die Lautsprecherboxen in die Fenster des ersten Stocks vom Klubhaus gestellt. Alles, was geredet wurde, hörte man eine knappe Sekunde später in voller Lautstärke als Echo von den IFA-Gebäuden gegenüber. Auch ich habe geredet. Beim Beginn meiner Rede war ich völlig perplex. Da gab es nur: Augen auf und durch. Die Zuhörer haben offenbar doch ganz gut verstanden. Anschließend formierten wir uns zum Marsch vor die Tore der „Segeltuch“ (TETEX). Die Demo wurde von Herrn Weiß (Neues Forum) und Bürgermeister Müller an-

Demo geführt von BM Müller (li.) und Herrn Weiß

geführt. Es ist auch die erste Veranstaltung, bei der ich fotografiert habe. Vorher habe ich einfach gar nicht daran gedacht oder es verdrängt. Und außerdem ist es ja nicht ganz ungefährlich, in einer aufgebrachten Menschenmenge zu fotografieren. Auf den mitgeführten Plakaten war unter anderem zu lesen:

„Rüstungsgelder in den Umweltschutz!"
„Weil sie nichts von TETEX wussten, heut noch die Meeraner husten!"
„Mehr als Nato aggressiv für die Lunge IFA-Mief"
„Weg mit Industrie, die dem Tod und nicht dem Leben dient!"

v.l. CA Bressau, A.und M.Werner, Ebba, meine Frau

„SO2 und Formalin rafft noch ganz Meerane hin!"
„ÄD Elschner, bleib im Amt, denn sonst geh´ n wir allesamt!"
„Ein Funktionär funktioniert, wie ein Zitronenfalter Zitronen faltet"
„Arbeiter, macht euch nicht zum Helfer der „N"atur „V"ernichtungs „A"nstalt" (NVA=Nat. Volksarmee)
„Spar´n wir die Armee ganz ein, könn´n wir ohne TETEX sein"
„Planen von TETEX sind so nötig wie ein Magengeschwür."

„Unfehlbarkeit des Papstes und Machtmonopol der SED sind Mittelalter.“

Mit einer Fahrt nach dem Westen hatten wir es nicht so eilig, weil wir ja in den letzten Jahren mehrfach in den Westen fahren durften. Unsere erste Fahrt war am Samstag vor dem ersten Advent. Da fuhren Ebba und ich von Mühlhausen aus zum Weihnachtsliedersingen nach Eschwege.

In einem Möbelgeschäft unterhielten wir uns mit dem älteren Besitzer. Er erinnerte sich noch an Zeiten wo er oft mal „nach Mühlhausen rüber“ gefahren war und freute sich über die Grenzöffnung.

Beim Abstellen des Trabi hatte ich trotz Frost die Bremse angezogen. So hatten wir Schwierigkeiten mit dem Heimfahren. Mit etwas verschmauchten Bremsen gelang es dann trotzdem. Bei unsern Autos waren solche Schwierigkeiten kaum erwähnenswert. Da gab es oft ganz andere Probleme.

Das Bild für die Weihnachtskarten 1989 (unsere drei Töchter mit ihren damaligen Freunden) Auf dem oberen Transparent (für das Foto zu blass): Stellt euch vor, es ist Sozialismus, und keiner geht weg (Christa Wolf)

Seit ich 1976 meine poliklinische Tätigkeit begann, machte ich jeweils mittwochs freiwillig einen Operationstag mit. Damals hatte mir Herr Chefarzt Elschner beim chirurgischen Händewaschen gesagt: „Wissen sie, Herr Müller, ich glaube nicht an den lieben Gott und glaube nicht an die Partei, ich glaube nur an meine Patienten.“ Anfang Dezember 89 sagte er bei gleicher Gelegenheit: „Herr Müller, sie wissen doch mit der Kirche Bescheid. Ich wollte wieder eintreten. Wie muss ich denn das machen?“ Was er ja dann auch tat! Chefarzt Elschner hat es einem nicht immer leicht gemacht. Aber ich muss sagen, dass ich ihm immer abgenommen habe, dass er hinter dem stand, was er sagte, auch wenn es sich von der „gestrigen Meinung“ durchaus unterscheiden konnte. Ein Schleimer war er nie.

Anfang Dezember schrieb mir mein Vater: „Die Kuh ist vom Eise!“ Bis dahin hatten wir immer noch Grund zur Befürchtung, dass die SED einen Putsch versuchen könnte.

Mein Vater und ich (nicht ganz frisches Foto)

Am 6. Dezember hat sich im Ratssaal in Mühlhausen auch die SPD gegründet. Ich überlegte mit meinem Studienfreund Frank Stappenbeck, der uns nach Mühlhausen geworben hatte, ob wir nicht eintreten sollten. Ich habe mich aber doch nicht dazu entschlossen, da ich einen Vorbehalt gegen Parteidisziplin habe. Wie schon oben erwähnt, war der freiwillige Eintritt in die SED bei mir bewusst nie in Erwägung gezogen worden. Aber auch eine andere Partei kam nie infrage.

Nebenbei bemerkt: Zu DDR-Zeiten bin ich nie gefragt worden, ob ich in die SED eintreten wolle. Ich führe es darauf zurück, dass man wohl wusste, was ich antworten würde. Aber wenn man nun gekommen wäre: „Bürger Müller, ihr loses Maul reicht für 2 Jahre Bautzen, aber es muss ja nicht zu Härten kommen, wenn sie uns etwas entgegen kommen!" Ich bin mir nicht sicher, wie ich dann reagiert hätte.

Am 13. Dezember schrieb ich im Auftrag der Basisgruppe des Neuen Forums an die Mitarbeiter der SED-Kreisleitung, um die Überflüssigkeit der SED deutlich zu machen. Dieser Brief ist erhalten, ebenso wie meine persönliche Auseinandersetzung mit der SED vom 28. 12. Zweifellos sind mir etliche Schriftstücke verloren gegangen. Nun ist ja auch nicht jeder mehr oder weniger ausgegorene Gedanke wert, für die Ewigkeit aufgehoben zu werden. Das für mich Wichtigste habe ich aber wohl zusammentragen können.

Erste Westerfahrungen

Am 19.12. wollten wir den Christkindelsmarkt in Nürnberg besuchen. Man durfte nur 20 l Benzin mitnehmen. Auch waren wir 9 Personen, und der Barkas war nur für acht zugelassen. Deshalb nahmen wir den Trabi als „Rettungsboot".

Wir hielten es für eine gute Idee, nachts um zwei Uhr loszufahren. Wir kamen kaum auf die Autobahn bei Meerane drauf und zuckelten zähflüssig zum Hermsdorfer Kreuz. Ab dort fuhren wir auf Schleichwegen zur Grenze, was reibungslos ging.

Kurz danach, bei Berg, stellten wir den Trabi ab und fuhren zu neunt weiter. Ein Abstecher in eine kleine Stadt diente der Abholung von 50 Mark Begrüßungsgeld, den Bayern freundlicherweise zusätzlich zahlte.

Der Besuch in Nürnberg war herrlich. Außer dem Christkindelsmarkt begeisterte die ganze Stadt mit ihren Kirchen und dem Germanischen Museum, in dem die Riesen Puppenhäuser standen, die in besseren Familien zur Repräsentation dienten. Da fand ich auch eine Dauerleihgabe der Familie Bäumler (möglicher Weise Familie meiner Großmutter).

Bei Dämmerung besuchten wir in Fürth die Familie Winter, die sich um die Familientreffen der Bäumlerfamilie kümmerte, und mit denen wir seit vielen Jahren Kontakt hatten. Der Empfang war nett und freundlich. Es war ein schöner Abend. Nur als die Diskussion mit Karl-Friedrich Winter auf Arbeitslose kam, meinte er, wer keine Arbeit hat, will nur nicht. Das stimmte schon damals nicht. Wir machten aber kein Problem draus und es blieb freundlich.

Dann brachen wir auf. Kurz nach dem Start fiel der Blinker aus. Auf der Südautobahn wurde das Licht immer dunkler. Wir rollten bis zu einer Notrufsäule. Der ADAC kam schnell, spendete uns Strom, mit dem wir zur nächsten Werkstatt in Feucht fuhren. Man war dort nicht sehr begeistert, denn es war nicht das erste Ostauto, das Probleme machte. Der Mechaniker hämmerte ein bisschen an der Lichtmaschine rum, konnte ihr aber nicht helfen. Der Werkstattleiter war weniger freundlich. Ihm wäre am liebsten gewesen, wir wären mit dem Zug abgehauen. Aber er verweigerte Ebba ein Telefonat nach Mühlhausen, indem er meinte, das hätte sowieso keinen Zweck.

Gegen Mitternacht richteten wir uns auf die Nacht sitzend im Barkas in der Werkstatt ein. Die Tür musste aufbleiben, da ja die Batterie geladen wurde.

Wir saßen noch nicht lange, als das Bayrische Rote Kreuz ankam und uns mit einem Kleinbus und einem PKW in das BRK-Schulungszentrum in Lauf abholte. Hier hatte man neun Feldbetten aufgestellt, wir bekamen einen Kasten mit kalten Getränken, und Ebba konnte endlich in Mühlhausen anrufen und Bescheid sagen, dass mit ihr am nächsten Morgen nicht zu rechnen war. Eine lustige Weihnachtsgeschichte von E. Strittmatter schloss diesen aufregenden Tag ab. Die Spannung fiel von uns ab und wir hatten eine relativ ruhige Nacht.

Am nächsten Morgen bekamen wir ein schönes Frühstück und wurden nach Feucht zurückgefahren. Der Werkstattbesitzer meinte, er sei Geschäftsmann. Daher müsse er mir zumindest 40 DM berechnen. (Fast mein ganzes bayrisches Begrüßungsgeld!) Dann wurde der Barkas angeschoben, und mit geladener Batterie, aber ohne Licht, Scheibenwischer und Blinker fuhren wir durch den Regen – wie eine Kanonenkugel durch ein Pfund Butter! In Berg gossen wir das Ersatzbenzin ein. Ebba mit meiner Mutter und dem Sohn fuhren am Hermsdorfer Kreuz links mit dem Trabi nach Mühlhausen und der Rest mit dem Barkas rechts nach Meerane, wo wir auch gut ankamen. Die neue Lichtmaschine kostete dann 600,-Mark. Da mein Nachfolger in der Poliklinik schon eingearbeitet wurde, war mein Fehlen nicht so schlimm.

Wolfgang und Roselind Zscherpel

Zu Silvester waren wir bei Freunden (Zscherpels) in Meerane eingeladen, mit denen wir seit Jahren Silvester begingen. Aber Ebba hatte am 31. 12. Bereitschaftsdienst in Mühlhausen. Es ist uns tatsächlich gelungen, die Freunde zu überzeugen, dass wir Silvester einen Tag früher feierten. Das nennt man „Vorfristigkeit des Plans"! Das einzige, was störte, war, dass um Mitternacht nicht geknallt wurde.

Unser Silvester war dann eine ruhige Bereitschaftsdienstzweisamkeit, bei der wir im Fernsehen die Festlichkeiten an der schon weitgehend abgerissenen Mauer und am Brandenburger Tor verfolgen konnten.

Die Kuh ist vom Eise, aber was nun?

Am 2.1.90 nahm ich meine neue Arbeit an der Poliklinik Mühlhausen auf und zwar in einer großen Villa am Lindenbühl, (damals noch Leninstraße) wo seit vielen Jahren die chirurgische Ambulanz war.

Am 7.1. stellte ich mich mit einem *„Aufruf an alle Oppositionellen"* bei der Mühlhäuser Demo vor:

„Die SED hat sich gehäutet. Aber es ist dieselbe Schlange geblieben!" Solche markigen Parolen kamen natürlich ganz gut an.

Martinikirche Mühlhausen

Die Demos begannen normalerweise in der Martinikirche, später im Wechsel mit der katholischen Kirche, wo jeweils ein Friedensgebet mit diversen Statements war. Dann marschierte man zur Marienkirche. Vor der Tür zum Marienkirchpfarramt, heute kirchliches Verwaltungsamt, war eine Rampe zur offenen Tür hinaus installiert, wo die Reden gehalten wurden. Die

Veranstaltungen wurden von einem Vorbereitungskreis ausgearbeitet, der auch schon die beiden Großveranstaltungen in der Marienkirche 21. Oktober und 4. November vorbereitet und durchgeführt hatte. Dieser nannte sich „Veränderung jetzt" und nahm die Stelle ein, die ansonsten das Neue Forum innehatte.

Da ich diese Konstellation noch nicht begriffen hatte, ging ich auf die Suche. Mir wurde gesagt, dass das Neue Forum im Herbst einige große Veranstaltungen organisiert hatte unter der Leitung des Ehepaares Pietzsch, die beide inzwischen zu Ehrenbürgern der Stadt ernannt worden sind, weil sie sich um das Neue Forum schon gekümmert haben, als das noch richtig gefährlich war, nämlich im August. Das Neue Forum hatte aber dann schnell an Zulauf verloren, da die „Veränderung jetzt" größere Popularität bekam. Ich kam im Ratskeller gerade dazu, als Pietzschs und ihre Mitarbeiter beschlossen, die Arbeit einzustellen. Das dürfte Mitte Januar gewesen sein.

Am 23. Januar wurde eine Demo des Gesundheitswesens auf dem Obermarkt organisiert.

Der Demo-Zug am Kiliansgraben zum Obermarkt

Im Vorfeld waren die Mitarbeiter des Fachkrankenhauses Pfafferode und des Kreiskrankenhauses Mühlhausen vor der Teilnahme gewarnt und teilweise bedroht worden. Trotzdem war es eine gut besuchte Demo. Vier Krankenwagen standen auf dem Obermarkt. Neben anderen hielt auch ich eine Rede, die nach meiner heutigen Sicht etwas naiv war. Zu diesem Zeitpunkt wusste ja auch keiner so richtig, wie es weitergehen sollte.

Ich habe auch 8 Plakate 140x80cm gemalt mit entsprechenden Parolen:

„Ist die Arbeit eine Strafe und Belohnung Krankenschein, wird an unsrer kranken Wirtschaft bald nichts mehr zu retten sei!"

„Siegt die SED im Mai, ist hier kaum noch wer dabei!"

„Neue Stasi tut so Not wie ein Kieselstein im Brot!"

„Die Genossen sind im „Parteihaus stets als Patienten willkommen!" (Das Parteihaus wurde inzwischen von der Poliklinik genutzt.)

„Es gibt kein gesundes Volk ohne ein gesundes Gesundheitswesen!"

„Bei so viel Arbeit Hungerlohn, geh´n alle Schwestern bald davon!"

„Wer unser Gesundheitswesen überlebt, kann sagen: Auferstanden aus Ruinen!"

„Minister Thielmann: „Ach wie gut, dass keiner weiß, wie die Ärzte ich bezahle!"

Die mitwirkenden Schwestern des Hauses reichten fast zum Tragen der Plakate nicht aus. Der Kreisarzt, den ich ja erst zwei Wochen kannte, bemühte sich, zu beschwichtigen und um „Schadensbegrenzung". Das war sicher auch für ihn eine völlig neue Aufgabe.

Eins meiner Lieblingsplakate, (ein Zitat von E. Mielke)

Es wurden noch jeden Montag Friedensgebet und Demo gemacht. Die Teilnehmerzahlen ließen aber nach.

Anfang Februar las ich in der Zeitung, dass das Schreibmaschinenwerk in Erfurt mit seinen 6000 Mitarbeitern von einem westdeutschen Konzern übernommen werden könne. Dann würde man aber nur 2000 übernehmen können und 4000 müssten in die Arbeitslosigkeit. Da wurde mir schlagartig klar, dass wir bei schneller Vereinigung der beiden Länder durch eine tiefe wirtschaftliche Talsohle gehen würden. Das habe ich abends auch auf der Demo gesagt. Aber keiner wollte es hören. Die meisten meinten: „Wenn wir erst mal die D-Mark haben, dann haben wir den Himmel auf Erden erreicht." Insofern stand ich von Anfang an den „blühenden Landschaften" von Herrn Kohl skeptisch gegenüber.

Wir merkten, dass das Interesse an den Demos sank, und so wurde beschlossen, Mitte Februar damit aufzuhören. Wir wollten als Abschluss die Faschingszeit nutzen und mit insgesamt vier Büttenreden abschließen. Pfarrer Schmidt machte ein satirisches Telefongespräch, und ich nahm das Thema aus Meerane vom Kirchenfasching auf: Wir sitzen in der Klemme!

Büttenrede zur letzten Demo Februar 90 in Mühlhausen

Ja, „Wir sitzen in der Klemme!“
soll das Thema heute sein.
Jedoch muss ich ernsthaft fragen:
Wem fiel das denn wieder ein?

Sitzen wir denn in der Klemme?
Nach ´ner Wende sieht´s nicht aus,
denn was uns bisher so quälte,
brach zusamm´n wie´n Kartenhaus.

Niemand dacht´, dass es so schnell geht.
Niemand schreie: Ach und Weh.
Wenn wer in der Klemme sitzt,
ist es nur die SED.

Denn ihr Feindbild wurd´ gestohlen,
und ihr Weltbild ging kaputt.
Und dem siechen Sozialismus
Geht's im Augenblick nicht gut.

Mancher wünscht sich alte Zeiten:
Da herrscht‘ Ordnung immerzu!
Und wenn´s wirklich unruhig wurde:
Ein paar Panzer, und´s war Ruh.

Früher musst man glatt ersticken,
die Gesellschaft war totkrank.

Heute kann man wieder atmen,
aufrecht gehn, Gorbi sei Dank!

Doch das wisst ihr alles selber,
nur vergisst man das ganz schnell,
wenn nach einem langen Alptraum
plötzlich alles tageshell.

Denn inzwischen viele meckern.
Westlich schaut man, wie ihr wisst.
Jeder lässt sich gern verKOHLen,
wenn es mit der D-Mark ist.

Meinungsfreiheit, Reisefreiheit
wolln wir nutzen ganz gewitzt
dass ihr nicht im Übermute
plötzlich in der Klemme sitzt.

An der Zukunft woll´n wir bauen,
die Vergangenheit beschauen.
Fröhlich man zum Fasching sei:
Erster Fasching stasifrei!

In der Klemme, o wie fein,
sitzt man selten ganz allein!
Bis zum November war unser Land
schön abgegrenzt nach allen Seiten,
nach Polen und Ungarn und zur BRD:
Das Land der begrenzten Unmöglichkeiten.

Nur Erich und Mittag und Mielke allein,
der uns alle stets nur geliebt hat,
die Clique, die hatte das Ohr an der Masse.
Und was ihr nicht passt´, sie gesiebt hat.
Auf Hirsche und Rehe machten sie Jagd
und auf die, die anders gedacht.
Ablenken vom Nachdenken war die Devise.
Sie haben für uns stets gewacht.

Erich Honnecker

Die „Volksvertreter“ war´n taub für das Volk,
doch abgehört haben sie´s dauernd.
Und was sie ansonsten volkstümliches trieben,
das hören wir heute nur schauernd.

Der Eilzug, der uns in die Zukunft fahr´n sollt,
war ne Karre und die Zukunft ein Baum.
Und die in den Dreck uns hineingerollt,
die wissen den Rückweg wohl kaum.

Sie haben die führende Rolle verloren.
Überall suchen sie nun vergebens.
Sie haben ganz einfach die Zeit verpasst
und sind die Bestraften des Lebens.

Schön, dass nur die wenigen Wichte dort oben
den Sündenbock willig nun spielen,
und all die kleinen Könige unten
sich ganz und gar unschuldig fühlen.

Die Welle der Wende, die walzte sie platt.
Sie wendete manchen um.
Den Hals wie ein Korkenzieher gedreht,
so wandert nun mancher herum.

Der Wendehals, sonst ein seltener Vogel,
konnt´ Massenvermehrung erleben.
Drum gilt nicht mehr der Artenschutz.
Zum Abschuss ist frei er gegeben.
Sieht man, wie sie bei der Wende sich winden,
mit ihrer Gesinnung sie protzen,
und sagen: „Wir haben´s ja immer gesagt!"
Das bringt einen glatt ---zum Verzweifeln.

Das Wenden geht besser,
wenn Rückgrat nicht stört,
dass nichts beim Verbiegen sie hemme.
Sie sind zwar rotzfrech, statt bescheiden zu sein,
doch mancher sitzt hübsch in der Klemme.

In der Klemme, oh wie fein,
sitzt man selten ganz allein.
Ne Revolution nach Feierabend,
die änderte alles im Nu.
Und selbst die „Berufsrevolutionäre",
die schauten staunend zu.

Die braven Genossen vor der Wende
war´n blasenkrank fast alle.
Sie wollten austreten und konnten nicht.
Das quält in jeglichem Falle.
Mit dieser Art Klemme ist es jetzt vorbei:
viel Austritte kann man jetzt sehn.
Die organisierten Belanglosigkeiten,
um die ist es endlich gescheh`n.

Die CDU tritt aus der Koalition,
aus der PDS tritt die Regierung.
Das Volk ist aus unserem Land ausgetreten
Bald wählen wir „drüben" die Führung.
Man tritt aus Partei´n aus, war möglichst nie drin.
Der Stadtrat macht sogar sich rar.
Nur eines gibt heute man gern offen zu:
Dass stets in der Kirche man war.
Sehr krisenfest schien stets ein Stasiposten.
Man horcht´ überall interessiert.
Doch gibt es inzwischen das auch im Osten,
dass man seinen Job verliert.

Doch sucht man heut Arbeit,
dann nicht bei der Kirche,
denn dort kriegt man nichts auf die Bemme.
Man müsst mit dem Drittel Gehalt auskommen.
Da kommt man ganz schön in die Klemme.

In der Klemme, o wie fein,
sitzt man selten ganz allein.
Nach der Einheit rufen alle:
Deutschland, eilig D-Markland!
Um den Zug nicht zu verpassen,
kommt jetzt jeder angerannt.

Doch was wird die Einheit bringen?
Finden wir es so am besten:
Wir wolln gammeln wie im Osten,
aber leben wie im Westen?

Drüben gibt's auch Kommunisten.
Doch warum kommt Herbert Mies,
wenn die BRD so mies ist,
nicht in unser Paradies?

Hier kann man auf Arbeit gammeln,
fliegt nicht raus, kommt man zu spät,
kann hier unbedenklich ernten,
was man gar nicht selbst gesät.

Ja, das steht schon in der Bibel,
und ihr kennt es sicher noch:
Sie säen nicht, sie ernten nicht,
und Gott ernährt sie doch.
Nach dem Segen: „Urbi et Gorbi"
fuhr Modrow hin zu Helmut Kohl.
Doch der rückt keinen Pfennig raus.
Luftschlösser sind innen hohl.

Nun, ihr schimpft noch auf die Wende,
denn bald sitzt ihr in der Klemme,
kratzt man euch die staatsgestützte
Butter runter von der Bemme.

In der Klemme, wie gemein,
sitzt man häufig ganz allein.
Inzwischen entsprießen kunterbunt
wie Pilze Parteien dem Boden.
Sie sind zum Teil schwarz oder grün oder braun.
Mehr rosa sind jetzt unsre Roten.

Einst konnte die SED/PDS uns...
und muss sich jetzt selber sehr quälen.
Einst machten wir manche Verbeugung vor ihr.
Jetzt traut sie sich keiner zu wählen (Wehe, ihr traut euch!!!)

De MESIERE ist ja für uns:
BÖHME`sche Dörfer sind die Wahlen,
dass man denkt: uns verEPPELMANN.
Und SCHNURstraks leiden wir Qualen.

Bei so viel´n Parteien da weiß man nicht,
wer zum Regieren geeignet.
Statt einer Liste braucht man ne Broschüre,
wo alle Parteien verzeichnet.
Schon Goethe sagt:
Solch ein Gewimmel möchte ich sehn,
mit freiem Volk zu freien Wahlen gehen!
Zum Augenblicke möchte ich sagen:
verweile doch, du bist so schön!

Die Einheitsliste ist nun passe´,
doch wie soll man richtig entscheiden?
Man sitzt in der Klemme – die Qual der Wahl
ist hier nun ein ganz neues Leiden.

In der Klemme, o wie fein,
sitzt man selten ganz allein.
Geht ein Bundi in den Laden,
ist er fordernd oft und barsch.
Und der westliche Verkäufer
kriecht ihm förmlich ...hinterher.

Doch bei uns ist das ganz anders:
Da ist König Kunde nett.
Freundlich und bescheiden fragt er,
ob man dies und jenes hätt´.
Der Verkäufer hat´s nicht nötig,
sitzt ganz oben auf dem Ross.
Und der Kunde muss sich winden,
oft um Kleinigkeiten bloß.

„Hab´n wir nicht und krieg´n wir nicht.
Und ob wir´s kriegen, wiss´ mer nicht!"
Doch seit Neustem kommt von drüben

eine große Bundesschar.
Freundlich ist jetzt der Verkäufer,
denn er hofft auf D-Mark bar.
Kommt ein Kunde in den Laden,
sieht man´s ihm nicht immer an,
ob von hüben oder drüben.
Wie begegnet man dem Mann?
Ist man freundlich oder knurrig?
Wüsst` man nur, wo kommt er her?
Dauernd die Gefühle wechseln –
sitzt man in der Klemme sehr.

In der Klemme, wie gemein,
sitzt man häufig ganz allein.
Zur Planwirtschaft:
Neulich ich zwei Männer fand,
die buddelten am Straßenrand.
Einer grub ein Loch im Nu,
der andre warf es wieder zu.

Sie hatten dabei keine Eile
Und machten das ne ganze Weile.
„Freunde", sag ich, „sagt mal an,
warum wird denn das getan?"
Heute sind wir nur zu zwein.
Der Dritte setzt sonst Bäumchen rein.
Planwirtschaft hat uns gehemmt,
und die ganze Wirtschaft klemmt.

In der Klemme,
o wie fein, sitzt man selten ganz allein.
Doch wer gibt uns wieder Kraft?
Klar, es ist die Marktwirtschaft.
Jetzt sehn wir´s nicht nur im Fernsehn.

Jeder will den Westen gern sehn.
Siehst du an dir das Gewimmel,
kommst du vor dir wie im Himmel.
Welch ein Wunder,
mancher denkt.
Doch bekommt man nichts geschenkt.
Wenn man keine D-Mark hat,
drückt man sich die Nase platt.
Alle Werbung gar nichts nützt,
wenn man auf dem Trocknen sitzt.

Fleißig sein und auch gewitzt,
dass man nicht in der Klemme sitzt.
Eine Zeitung, etwas älter,
fiel mir neulich in die Hände.
6.10. war das Datum,
also deutlich vor der Wende.

(Das Politbüro der SED)

Darauf sieht man schön in Reihe
lauter Herren, Mann für Mann,
welches alles Knastologen.
Doch noch sieht´s ihn´n keiner an.
Mielke, Mittag, Axen, Stoph,
diese Herren steh`n hier noch,
doch nachdem sie erst gestanden,
sitzen alle jetzt im Loch.

Erich sagte, dass die Mauer
100 Jahr noch stehen müsst.
Da sie kürzlich abgerissen,
sieht man mal, wie alt der ist.
Krank und müd´ mit Angst vorm Knast
soll ihn nun die Kirche retten.
Dabei hat er Kirchensteuer
nie bezahlt, da möcht´ ich wetten.
Drum, Genossen, lasst euch raten:
Zahlt die Steuer, seid gewitzt,
dass, soll euch die Kirche retten,
ihr nicht in der Klemme sitzt.

E. Honnecker

In der Klemme, wie gemein,
sitzt man öfter ganz allein.
Früher lernt´ man in der Stabü:
Religion am Sterben wär.
Und um 1980 gäb es keine Kirche mehr.
Ja, sie war auch sehr bescheiden,
schrumpfte leise vor sich hin.
Viel zu groß war´n die Gebäude
Und kaum sonntags einer drin.
Plötzlich aber kam die Wende,
und die Demos wurden laut.
Kirchen barsten aus den Nähten,
weil man sie zu klein gebaut.

Und in Leipzig ging es los.
Demos haben sich erweitert
Beide, Erich und Napoleon
sind an Leipzig erst gescheitert.
Wie so manches,
was man lehrte,
viele der Parteiprognosen,
wie nicht anders zu erwarten,

gingen kräftig in die Hosen.
Dass der Sozialismus siegt,
wird nun erst mal aufgeschoben.
Staat und Stasi hat die Kirche
Aus dem Sattel glatt gehoben.
Ja, „ihr seid das Salz der Erde".
Hat gesagt schon einmal wer.
Darum sind wir auch nicht traurig,
wenn die Kirchen wieder leer.
Auch in Zukunft wird uns trösten:
Ohne Salz schmeckt keine Bemme.
Bleib´mer auch ein kleiner Haufen,
Fühl´n wir uns nicht in der Klemme.
Alles bestens ist geritzt,
wenn man nicht in der Klemme sitzt.

Meines Erachtens geben diese Zeilen meine (unsere) Befindlichkeit mit unserer Verunsicherung und den illusionären Zukunftszielen ganz gut wieder.

Ein Spaßvogel hatte auch herausgefunden, dass Erich Honecker schon in der Bibel vorkommt, nämlich in einem der Mosesbücher: *„40 Jahre war mir dieses Volk zuwider, und sind Leute, die nicht meinen Willen tun wollen!"*

Kirchenfasching in Meerane, Febr. 1990

Modenschau

Stasimonster zum stasifreien Fasching

Wie oben angedeutet, stammt das Motto zu meiner Büttenrede vom Kirchenfasching im Februar in Meerane. Ich ging zu unserm ersten stasifreien Fasching als Stasimonster aus der Vergangenheit von „Horch und Guck“ mit überdimensionierten Ohren einer Lupe und einer großen Sicherheitsnadel um den Hals. Die Meeraner machten ein sehr nettes Programm, bei dem das neue Konsumverhalten der Ossis im Westen aufs Korn genommen wurde.

Erstmals frei wählen! Freiheit oder D-Mark?

Am 18. März waren die ersten demokratischen freien Wahlen. Ich war der Meinung, dass das Neue Forum sich nicht zur Wahl stellen sollte, sondern eine überparteiliche Institution sein und bleiben sollte. Das war sicher eine idealistische Illusion. Aber das schlechte Wahlergebnis von 5% schien mir Recht zu geben. Längst hatten die Parteien in den Startlöchern gestanden. Das schlechte Abschneiden der SPD wunderte und ärgerte mich sehr, denn ich neigte seit Willi Brandt und Helmut Schmidt dieser Partei zu. Die Entwicklung schien denen Recht zu geben, die meinten: „Die CDU bringt das Geld!"

Es war ein aufregendes und ereignisreiches erste Halbjahr 1990. Und dann kam im Juli die Währungsunion.

Meine Frau ließ sich zusammen mit einer Kollegin in deren Kinderartzpraxis nieder. Ich nutzte die bisherige Kinderarztpraxis meiner Frau für die ambulante Chirurgie in dem Hause, indem wir auch wohnten.

Der neue Landrat, Hilfreich Reinhold, (im Volksmund „Hilflos Unhold"), ein Feldwebel aus Kassel, redete in einer Ärzteversammlung viel über die Zukunft der ambulanten Medizin. Neben vielen geschönten Worten, um nicht zu sagen nichts sagendem Gelaber sagte er: „Niemand wird gezwungen, sich niederzulassen!" Meinen Einwand, dass ja auch keiner gezwungen würde, Luft zu holen, fand er keinen Beitrag.

Am nächsten Tag stand in der Zeitung: „Lange Gesichter bei der Mühlhäuser Ärzteschaft. Sie sollen nur 60% von dem verdienen, was ihre Eschweger Kollegen verdienen!" Es ging aber nicht um „Verdienst" sondern um „Leistungsvergütung" Mit 60% Verdienst hätten wir gejubelt. Aber die Ausgaben im Osten waren ja nicht geringer als im Westen, sondern mussten von den 40% geringeren Vergütungen mit bestritten werden. Je nach Ausgabenhöhe konnte der Verdienst minimal sein. Es war nicht sehr ermutigend, wenn ein hoher Vertreter der Politik nicht einmal wusste, wovon er sprach, indem er Verdienst und Leistungsvergütung nicht unterscheiden konnte.

Kurz vor der Wiedervereinigung am 3. 10. 1990 gab es in Weimar einen politischen Kongress unter dem Motto: „Eine neue gesamtdeutsche Verfassung.“ Auch wenn der Zug schon längst abgefahren gewesen sein dürfte und statt der Wiedervereinigung lediglich eine Übernahme der DDR stattfand, war die Veranstaltung sehr erfrischend, zumal man prominente Politiker hautnah erleben konnte, z.B. Frau Regine Hildebrand, Herrn Ullmann, Frau Volmer.

Ein Liederprogramm des Deutschen Nationaltheaters, z.B. mit „kein schöner Land…“ regte mich zu einer gesamtdeutschen Ballade an. Den schon früher bestehenden „Werbebrei“ habe ich mit übernommen, weil er gut hinein passte.

Eine typisch deutsche Ballade

Sehr frei nach Heinrich Heine.
Einleitung frei nach Goethe.

Der Eigennutz der Marktwirtschaft,
der ist ein Teil von jener Kraft,
die stets das Böse will und doch das Gute schafft.

Melodie: Loreley

Ich weiß nicht, was soll es bedeuten,
dass ich so traurig bin.
Ein Märchen aus jüngsten Zeiten,
das geht mir nicht aus dem Sinn.
Den Rhein sah ich nicht 40 Jahre,
und Deutschlands Strom war sein Sinn.
Dass man uns vor Schlimmem bewahre
durft´ keiner von uns, mehr dort hin.

Wir sangen so manche Strophe:
„Wie ist es am Rhein so schön!"
Doch wusste es jeder Doofe:
Den Rhein werd ich so schnell nicht sehn.
Denn was uns davon abgehalten,
das war ein Stacheldraht!
Der Stachel im Kopfe der Alten
uns noch mehr geärgert hat.

Melodie: Ade nun zur guten Nacht

Ade nun, du alte Macht,
jetzt wird mit dir Schluss gemacht.
Du liegst da mit Zucken.
Auf den sozialistischen Mist
manch Schaf reingefallen ist,
Der Rest musst´ sich ducken.

Der Spuk ist nun endlich vorbei.
Wir atmen wieder frei,
wird nicht mehr gelogen. (Na, na?)
Ein Schaf bleibt fast immer ein Schaf,
denn zu viele wähl´n noch brav, die uns betrogen.

Melodie: Loreley

Doch nach dem Sturm im November
stimmt man in „Wir sind ein Volk" ein.
Nun kann unser Bürger ja reisen,
z.B. auch zum Rhein.
Bis jetzt war ja, was kam im Fernsehn,
die Wirklichkeit aus freier Welt.
Und Werbung, die wollt´ er stets gern sehn.
Für Realität er sie hält.

Gesprochen:

Wird die Sendung unterbrochen,
scheint sich keiner dran zu stören.
Drum wird Werbung reingemixt,
wenn wir die Ballade hören.

Zwischen Denver, Alf und Dallas
ist Reklame wirklich alles.
Hast du Blendamed im Haus,
falln dir bald die Zähne aus.
Schokokrossies, ganze Tonnen,
nur echt in der Packung mit den drei Nonnen.
Wenn´s vorne zwickt und hinten beißt,
nimm Klosterfraumelissengeist.
So wichtig wie das täglich Brot.
Dank Schappi ist der Hund jetzt tot.
Das Leben ist schön nur mit Jade
und mit Schwartau-Extra-Marmelade.
Wick-Medinigth, wenn Husten stört,
das ist schon einen Asbach uralt wert.

Schießer, dass keiner Gefrierbrand kriegt,
locker und leicht, dass jeder drauf fliegt.
Bei Mc Donalds die 5-Minutenterrine
mit Thomas Gottschalk und Ovomaltine.
Frechheit siegt mit Harribo,
Colgategel macht Kinder froh.
Perfekter Sitz, 3-Wettertaft,
was Pampers Supersaugkraft schafft.
Auf Wasserbasis entkoffeiniert,
der Duft, der Frauen provoziert.
Ferreroküsschen gleich ins Münd(s)chen,
denn Bauknecht weiß, was Frauen wünschen.
Bei Kinderüberraschung kichert,
Hauptsache, Allianzversichert.
Katzen würden Wiskas kaufen
und Sechsämtertropfen saufen.
Kazan saugt den Geruch gleich auf,
der Meister Propper geht dran drauf.
Schaumfestiger von Loreal,
Rowenta bügelt Überschall.
Hab stets Camelia in den Taschen,
nicht neu, doch mit Perwoll gewaschen.
Gib Claustaler dem Hund,
sonst klefft er, nicht immer, aber immer öfter.
Mit Coca bist du in,
dann knicken wir Biskin.
Wird die Windel dir zu eng,
darauf einen Dujardin.
Renni räumt den Magen aus.
Auch bei mir kommts jetzt bald raus! – Uäääächchch!

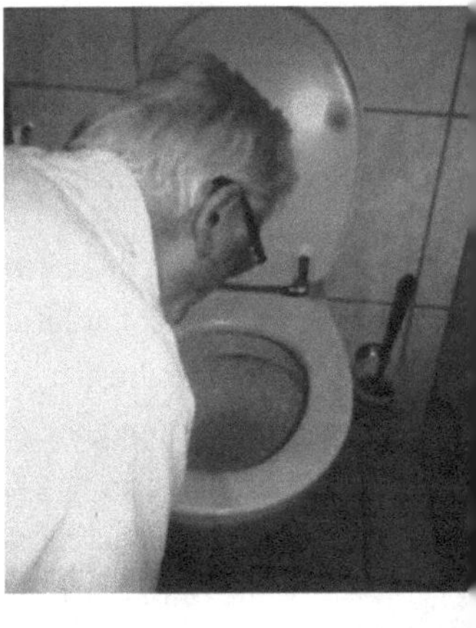

Die Werbung hat, wie man´s auch nimmt,
unser Denken mitbestimmt.
Die Planwirtschaft, die hielt uns knapp,
drum fahrn wir auf den Wohlstand ab.

(gesungen): Mel.: Loreley

Der Bürger, der fährt in den Westen
und schaut sich die Sache selbst an.
Er denkt. „Es ist alles zum Besten,
und das will ich auch alles hab´n.
Den Rhein sehen und dann sterben!“
Drum sieht er sich drüben auch um.
Kann auch ein Fahrzeug erwerben und
fährt auf dem Rheine jetzt rum.

Der Kahn, den er konnte erwerben,
ist keine Luxusjacht, denn dazu,
da müsst er erst erben.
Ein kleiner Kahn happy ihn macht.
Denn wer einmal Trabi gefahren,
ist glücklich mit jeglichem Kahn.
Und das hat mit ihrem Gebaren
die Planwirtschaft getan.

Die schönste Jungfrau vom Sexshop,
die sitzt oben wunderschön.
Und so was hat unser Knallkopp noch nirgendwo gesehn.
Den Bürger im kleinen Schiffe ergreift es mit wildem „Juchhe!“
Er sieht nicht die Felsenriffe,
erschaut nur hinauf in die Höh.

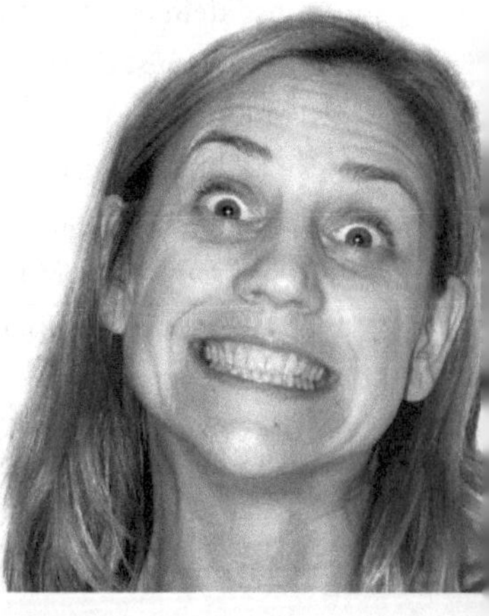

Er denkt nur an die Reklame
und sieht keine Klippen voraus.
Er sieht nur die schnuck´ lige Dame,
und mit dem Verstand ist´s nun aus.
Da macht er falsche Griffe
und dreht sich im Äppelkahn,
und kippt gleich aus dem Schiffe
in den großen Ozean.
Und das hat mit ihrer Verführung
die Marktwirtschaft getan.

Nun muss er ganz tüchtig strampeln
im Arbeitslosenmeer.
Konnt´ früher auf Arbeit rumhampeln.
Das gibt es nun nicht mehr.
Wer meint, er kriegt Wohlstand und Freiheit
zum Nulltarif frei Haus,
den verschlingen am Ende die Wellen,
die Loreley lacht ihn dann aus! Juchhe!

Dazu habe ich auch noch zwei Lieder geschrieben:
Februar-Mai 1990

Das Lied von der Vergangenheitsbewältigung
(Melodie: Morgen kommt der Weihnachtsmann)

Refrain: Doch wenn ihn (sie, es) der Arzt behandelt, wird er (sie, es) ganz und gar verwandelt...(in der Mitte des Verses)

Mancher sollt als Sozialist
anders sein, als wie er ist. Doch wenn...
Wusst´ schon lang, wie´s besser wär,
läuft als Wendehals umher.

Wer bei „Horch und Guck" war lange,
war vielleicht ein bisschen bange. Doch wenn...
dass er steilen Aufstieg nimmt
und schon wieder oben schwimmt.

Mancher starre Funktionär
machte uns das Leben schwer. Doch wenn...
Jetzt er Ärger sich erspart
durch flexible Denkungsart.

Im November, tolle Masche:
SED in Sack und Asche. Doch wenn...
Statt ganz still zu sein und leis,
längst sie´s wieder besser weiß.

Stabü lehrt uns, lang ist´s her,
bald gäbs keine Kirche mehr. Doch wenn...
Kirche hat als Keimzellkraft
Sozialismus abgeschafft.

Mancher Bundi lacht sich krumm,
findet alle Ossis dumm. Doch wenn...
denn sie lernten schnell und stark:
holten dreimal 100 Mark.

Erich meinte, dass die Mauer
hätt noch 100 Jahre Dauer. Doch wenn...
Da sie kürzlich abgerissen,
wird er ganz schön alt sein müssen.

Kirche war ihm nie geheuer.
Erich zahlt´ nie Kirchensteuer. Doch wenn...
Und bald traf man früh und spät
Bruder Erich zum Gebet.

Unsre Greise herrschten hier,
waren nicht zu alt dafür. Doch wenn...
Solln sie stehen vor Gericht,
sind sie krank und tatterich!

Mielke sprach in einem Falle:
Ach, ich liebe euch doch alle. Doch wenn...
Was davon noch übrig blieb:
hat uns nicht mehr ganz so lieb.

Egon Krenz mit voller Brust
hat von allem nichts gewusst. Doch wenn...
Was ihm ins Gedächtnis steigt,
hat für´n ganzes Buch gereicht.

Unsre alte Planwirtschaft
macht das Leben mangelhaft. Doch wenn...

Und die D-Mark, eins zwei, drei,
bringt uns schnell das Raffen bei.

Unsre Mark war nichts mehr wert,
harte D-Mark wurd´ begehrt. Doch wenn...
Nie gedacht hab´n wir vorher,
dass die D-Mark sooo hart wär.

Häuser mit den Billigmieten
oft ´nen schlimmen Anblick bieten. Doch wenn...
Der Besitzer aus dem Westen
alles tut zu unserm besten!

Früher wählt´ man wie gewohnt
nur die Nationale Front. Doch wenn...
Nun wählt man nach so viel Rot
schwärzer noch als wie der Tod.

Für uns neu ist Marktwirtschaft.
Manchem zaghaft fehlt die Kraft. Doch wenn...
Nun wird kräftig durchgezogen.
Hornhaut wächst am Ellenbogen.

August-September 90

Das Lied der deutschen Vereinigung (Melodie: Freut euch des Lebens)

Refrain: Freut euch des Lebens, die Einheit kommt wie der Dieb in der Nacht! Hofft nicht vergebens, dass ihr als Letzte lacht!

Den Bundis den Wohlstand gönnen wir,
auch wenn wir noch Jahre drauf warten hier.
Als „Doofer Rest“ hab´n wir erduldet,
was nicht von uns selber verschuldet.

Die DDR nannte sich zu Zeiten
und das Land der begrenzten Unmöglichkeiten.

Die Grenzen sind auf, wir könn´ reisen
doch fehlt uns das Geld,
wir drauf...verzichten,

Die CSSR war das Urlaubsziel.
Die Umtauschquote, die brachte nicht viel.
Doch jetzt kann´s die D-Mark verschönen,
tut man uns als Bundis verwöhnen.

Die Lehre von Marx ist allmächtig, weil
sie wirkt heute noch, und das nicht nur zum Teil:
Der Staat wird nun bald überwunden,
und Arbeit ist bald ganz verschwunden!

Die Reichsbahn dementiert gern Lügen:
Die DDR läge in letzten Zügen.
Die Bürger im Wartesaal warten,
dieweil der Zug tat schon längst starten.

In unseren sozialist´schen Betrieben,
da wimmelte es von Tagedieben.
Ist nun das Emblem von Werkzeug leer,
ist´s klar, dass es gibt keine Arbeit mehr.

Der Kanzler Kohl, der sagte so schön:
Keinem soll es schlechter gehn!
Erstaunlich ist dabei, ohne Mist,
wer heutzutage schon „keiner" mehr ist.

Das Startkapital fehlt der Wirtschaft noch.
Wenn wir uns ganz totstell´n,
dann kommt es doch.
Erst nach der totalen Erschöpfung
Sind wir dann die Krone der Schröpfung!

Die Stasi und der Verfassungsschutz
Verhandeln zu beiderseitigem Nutz,

und zwar auf dem Sero-Gelände:
Wozu man alte Lumpen verwende!

Bis fast zum Schluss hatte wie bekannt
Die Regierung die Zügel ganz fest in der Hand.
Woher sollte sie aber auch wissen,
dass die Pferde sich längst losgerissen?

Bestens war unser Gesundheitssystem.
Nur wer wirklich krank wurde, wehe dem!
Wer´s überlebt hat, ist erschienen
wie auferstanden aus Ruinen!

Die Niederlassung mit 70%
ist so, als ob man mit Durchfall rennt
und kriegt Rhizinus löffelweise.
Und was dabei rauskommt, ist....jedem klar.

Der Bundesmacker für Ausländerfragen
Sollt´ mir was über die Richtung sagen.
Der Feind steht rechts, sagt er leise,
und zwar rechts von Oder und Neiße!

Ein Pharmavertreter verkauft Pharmaka.
Ein Kühlschrankvertreter Kühlschränke, ist klar.
Doch was verkauft ein Volksvertreter?
Die Antwort, die kriegen wir später

Die Einheit ist prima, denn wie ihr wisst,
Rot jetzt wieder ´ne Farbe ist.
Man kann wieder heut ERICH heißen,
auf Mielke und Honnecker ...verzichten!

Die Einheit ist da, und die Freude ist groß.
In unserem Land ist nun wieder was los!
Trotz Talfahrt wolln wir nicht verzagen.
Gewinner sind die, die was wagen!

Das Wandern ist der Deutschen Lust

Endlich ein Volk!

Am 3. Oktober waren wir gerade in Meerane. Mein Freund Dr. Peter Ohl, war inzwischen befremdlicher Weise in die DFU (damals neu gegründete, rechte Partei, die bald wieder verschwand) eingetreten. Als ich ihm mein Erstaunen ausdrückte, meinte er, er hätte mich für toleranter gehalten. Aber er erklärte mir, dass die andern Varianten in Meerane auch nicht berückend gewesen wären. Allerdings ist er dann schnell ausgetreten und wurde als Parteiloser der erste Nachwendebürgermeister Meeranes. Nach der ersten Legislaturperiode wurde er noch einmal hochprozentig wieder gewählt. Allerdings konnte er auch nicht in Meerane Wunder vollbringen und erlitt sehr viel Gegenwind. Er arbeitet noch heute auch überregional bei den Freien Wählern mit und hält noch das von ihm gegründete „Meeraner Blatt“ am Leben, welches aber inzwischen nur per Internet verschickt wird.

Er machte uns auf eine Besonderheit aufmerksam: Zwischen Meerane und Mosel (bei Zwickau) gibt es ein Waldstück, das „Schäbicht“, wo wir mit unsern kleinen Kindern gern spazieren gingen und ich auch gern Pilze suchte. Das war irgendwann in den 70er

Jahren zum Sperrgebiet erklärt worden. Das fanden wir sehr schade. Nun, nach der Revolution, hörten wir, dass sich dort Sammelunterkünfte für unliebsame Personen, „Staatsfeinde" genannt, befänden. Wir fuhren hin und sahen uns die Sache an. Wir fanden hinter einer Einzäunung niedrige Baracken, in denen man normalerweise nicht stehen konnte. Wir warfen einen Stock in die Einzäunung, was einen Elektrofunkensprühregen auslöste.

Da ich vermutlich auf der Liste der im Ernstfall einzusammelnden Personen stand, wurde mir nachträglich noch anders. Solche menschenunwürdigen Unterkünfte hätte ich nicht für möglich gehalten. Wir können wohl von großem Glück sagen, dass alles so friedlich ablief, und die „Einrichtung" nicht zur Anwendung kam. Dankenswerter Weise wussten wir nicht, auf welchem Vulkan wir getanzt hatten.

Aber eine Schande ist es, dass ein Staat, der seine Daseinsberechtigung aus dem Kampf gegen die Unterdrückung der Menschheit nahm, zu einem solch unmenschlichen Monster degenerierte!

Ebba wurde mit mir und weiteren Kollegen zu einer Fortbildung in eine Eschweger Kinderarztpraxis eingeladen, als noch Grenzkontrollen bei Katharinenberg bestanden. An ein Wachhäuschen hatten die Grenzer geschrieben: „Wir sind auch das Volk!" Sie fragten freundlich, wohin wir wollten und wünschten viel Erfolg und Freude bei der Fortbildung. Welch schöner Kontrast zu den eisigen bis widerlich scharfen Kontrollen, als wir noch „Interzonenreisende" waren!

Mein Junge-Gemeindefreund Uli Tuschi, Endokrinologe in Erfurt, reklamierte nach der Wende, dass er nun mal dran sei, Professor zu werden, nachdem es zu DDR-Zeiten wegen Nichtparteizugehörigkeit verweigert wurde. Man antwortete ihm lapidar: warum er zu DDR-Zeiten nicht in die Partei gegangen wäre?! Na prima! Den Bösen sind wir los, die Bösen sind geblieben!

Als Chirurg niedergelassen: Ins Wasser geworfen

Meine Frau begann am 1.1.1991 zusammen mit Frau Dr. Gunhild Jentsch in deren Haus, und die Zusammenarbeit war bis zu ihrem Ausscheiden 2008 recht ersprießlich.

Ich selbst habe planmäßig in der Eisenacher Straße, wo wir ja seit 89 wohnten, die chirurgische Praxis eröffnet,

Die ärztliche Arbeit in Niederlassung gefiel uns. In den ersten Jahren konnten wir noch die Vorzüge der Marktwirtschaft genießen. Es lohnte sich, sich für seinen Patienten einzusetzen. Es gab plötzlich diagnostische und therapeutische Möglichkeiten, von denen wir zu DDR-Zeiten nicht mal träumen konnten (z.B. Kernspintomografie, Computertomografie, Orthesen aller Art, ganze Medikamentengruppen, die es in der DDR nicht gab). Aber diese kosten viel Geld, so dass sich immer mehr herausstellte, dass das Gesundheitswesen nicht mehr bezahlbar war. Die Lösung wurde aber nicht bei den Überteuerungen der Medizintechnik und der Arzneimittel gesucht, also einer unguten kapitalistischen Entwicklung, sondern bei den Ärzten, die die ganzen teuren Sachen aufschreiben und verordnen. Es wurden Budgets eingeführt, die zur Beschneidung der Möglichkeiten führten und das Problem auf die Ärzte statt auf die Politik lenkten.

Wir haben ja vom Kapitalismus so schon nicht nur Gutes erwartet. Aber diese Auswüchse der Budgetierung hatten mit Marktwirtschaft

nichts mehr zu tun. Die Verhältnisse erinnerten fatal an die „gute, alte“ Poliklinik, und Spötter nannten das: „Erichs späte Rache!“ Zurück zur Poliklinik! Wir konnten nur mit Goethe sagen: „Den Bösen sind wir los. Die Bösen sind geblieben!“ (s.o.)

Wenn man sich nicht den größten Teil der Arbeitszeit mit den Erkrankungen seiner Patienten sondern mit deren Verwaltung beschäftigen muss, macht die Arbeit nur noch wenig Spaß.

Wir hatten uns schon über die DDR-Bürokratie aufgeregt. Aber die bundesdeutsche Bürokratie war ungleich schlimmer. War die DDR-Bürokratie ein kleiner stinkiger Trabi, so überrollte uns mit der Bundesbürokratie ein ausgewachsener Panzer!

Man könnte sich den ganzen Tag ärgern, aber man ist nicht dazu verpflichtet. Irgendwie hat es ja dann doch funktioniert.

Und ich will auch nicht tun, als wäre die Medizin der Nabel der Welt. Aber der etwas vorzeitige Abschied vom Beruf 2008 ist mir nicht schwer gefallen, und ich habe mich seither noch nie gelangweilt.

Resümee

Bis zum Schluss in der DDR. Warum?

Warum hatte ich mich nun wirklich mit meiner DDR-Situation abgefunden? In einer Kirchenvorstandssitzung sprach ich in irgendeinem Zusammenhang von „unser Staat". Da wurde ich von einem Freund unterbrochen: „Das ist nicht mein Staat!" Worauf der Pfarrer recht energisch erwiderte: „Doch, das ist unser Staat. Und der ist uns als Aufgabe gegeben. Und wehe, wir versagen an ihm!" Auch wenn man das Pathos des Pfarrers etwas herunterschrauben kann, so ist mir doch klar gewesen: ich war nie ein Staatsfeind, aber ein Kritiker desselben. Ich versuchte wie mancher andere auch, bei Anerkennung der guten Seiten, den Finger in die Wunden zu legen und Fehlentwicklungen zu kritisieren, um letzten Endes Veränderung zu bewirken. Erst mit der Zeit bekam man dann mit, dass der Staatsapparat keinerlei Interesse an echten Vorschlägen, Veränderungen und Verbesserungen hatte, sondern nur an seinem Machterhalt, und dabei Kritikern jedes Wort im Munde herumdrehte. Dabei will ich nicht ausschließen, dass auch mancher brave Genosse wirklich etwas zum Guten bewegen wollte, aber sehr schnell an seine Grenzen stieß.

Durch immer deutlichere Stagnation zusammen mit der rücksichtslosen Umweltzerstörung, während man vom Westen von erfolgreichen Umweltaktivitäten hörte, machte sich in den letzten Jahren vor der friedlichen Revolution eine wachsende Resignation breit. Ich weiß nicht, wie ich mich in späteren Jahren verhalten hätte, wenn es weiter so bergab gegangen wäre ohne Hoffnung auf eine Veränderung. Und ich bin froh, dass es die Solidarnosc in Polen, Gorbatschows Perestroika, Ungarns Grenzöffnung und schließlich die friedliche Revolution gab.

Wer der DDR hinterhertrauert, vergisst, dass wir nach 2-3 Jahren gehungert hätten wie die Rumänen! Oft unterhalte ich mich mit Menschen, die sagen: „Ich habe in der DDR nichts auszustehen gehabt. Ich hatte Arbeit, mein Auskommen, und der Zusammenhalt mit meinen Mitmenschen war auch besser als im Westen." Das kann schon sein. Aber ich habe den Verdacht, dass es sich bei den ehemals mit der DDR Zufriedenen um Leute mit biegsamer Denkungsart handelt, denen egal war, was um sie herum für perfide Unterdrückungsmechanismen existierten. Einfach geartete Geister konnten mit den „Errungenschaften" der DDR durchaus zufrieden sein, zumal, wenn sie sich, wie Spitzensportler, in der DDR-Sonne wärmen konnten. Wer aber nur etwas nachdachte, fand die Ignoranz und Arroganz der Macht unerträglich. Eigenes Denken war unerwünscht, Nachplappern von Parolen wurde belohnt.

Wer aber behauptet, dass sein Leben erst damit losging, und die 40 Jahre DDR verloren gewesen seien, dem muss ich heftig widersprechen. Auch die DDR-Zeit mit allen Widersprüchen und Beschwernissen gehörte zu meinem Leben, und ich möchte diese Zeit nicht missen. Aber bitte kein Missverständnis: Niemals zurück.

Wie habe ich die DDR überhaupt ausgehalten?

Die vielen schönen politischen Witze in der DDR haben dazu beigetragen, dass wir das geisttötende und einbetonierte DDR-Regime überhaupt ertragen konnten, ohne verrückt zu werden.

Was man dem Gelächter preisgibt, kann uns nicht mehr über den Tisch ziehen und verliert seinen Schrecken. Lachen halte ich für gesund, wenn es ein echtes Problem behandelt und entsorgt.

Viele Dinge auf der Welt werden nur durch Lachen erträglich, auch heute noch. Das gemeinsame Lachen kann echte Psychohygiene sein. Satire darf alles, was nicht Menschen wirklich verletzt.

Mein (evangelischer) Glaube hat mir in der DDR geholfen, die Hoffnung aufrecht zu erhalten, auch wenn Spott und Verachtung desselben an der Tagesordnung waren. Wir nahmen wahr, dass viele Menschen austraten, denen die Kirche nichts mehr bedeutete, manche, weil es einfach unbequem war, sich dem staatlichatheistischen Druck entgegen zu stellen, manche auch, weil starre Pfarrer nicht das Fingerspitzengefühl oder das Verständnis dafür hatten, dass manches Gemeindeglied einen Balanceakt oder Kompromiss zwischen seiner Kirchenzugehörigkeit und der Anpassung an staatliche Druckmittel in Berufsfragen bevorzugte, um als Christ nicht „immer der Dumme" zu sein. Das biblische Gebot: „Du kannst nicht zwei Herren dienen" ist ein Idealfall, der für den Durchschnitt ohne große Opfer nicht machbar war. Andererseits gibt es ja auch das Wort: „Gebt dem Kaiser, was des Kaisers ist."

Natürlich gibt es Beispiele von Christen, die auch ohne Jugendweihe zum Studium kamen. Aber das sind absolute Ausnahmen und nicht für den Durchschnitt typisch. Viele junge christliche Leute hatten keine Chance, ihre Möglichkeiten auszuloten bzw. ihren Fähigkeiten entsprechend anerkannt zu werden. Die Austrittszahlen schmerzten schon manchmal. Das gilt auch für heute, wo man seinen Glauben ohne Repressalien leben kann.

Was ist für mein Verhältnis zu meinen Mitmenschen am Wichtigsten?

Zu DDR-Zeiten wie heute halte ich mich an den „Alten Fritz" und lasse jeden nach „seiner Fasson selig" werden. Wichtiger als die Religionszugehörigkeit meiner Zeitgenossen ist für mich, dass sie Mensch bleiben und die Mitmenschlichkeit über jede Ideologie stellen.

Und was die Rolle der von den Kommunisten totgesagten Kirche(n) angeht: Immerhin war 1989 die evangelische Kirche in der Lage, der friedlichen Revolution ein schützendes Dach zu bieten, und diese wäre sicher ohne die Kirche nicht so „glatt" und unblutig verlaufen, wenn überhaupt.

Die Kirche hat so noch Wesentliches beigetragen, Staat und Stasi auszuhebeln.

Und heute?

Ich muss den Spruch vom Ende der DDR-Zeit wiederholen: ***Dass uns der Staatsbürgerkundelehrer über den Sozialismus beschwindelt hat, das wussten wir. Aber dass er über den Kapitalismus die reine Wahrheit gesagt hat, das wollte keiner wissen!***

Also weiter wach bleiben! Und wo möglich, machtgeilen und gierigen Leuten, Fanatikern jeglicher Couleur und Umweltzerstörern die Grenzen und die Zähne zeigen.

Ich bin mit einer Frau gesegnet, die weitgehend meine Ansichten und Interessen teilt, sowie mit vier prächtigen Kindern, die die DDR bewusst erlebt haben und die voll Lebensfreude, aufrichtig, ehrlich, menschenfreundlich und tierlieb sind. Mögen sie auch weiterhin ihre Lebensziele verwirklichen können und den Sinn ihres Lebens auch in der Marktwirtschaft nicht verfehlen.

Bei unsern bisher vier Enkeln hoffe ich das Gleiche. Wir haben zwar nicht mehr viel Einfluss, aber das bisher Erlebte lässt hoffen.

Wenn man zu DDR-Zeiten etwas „ergattert" hatte, hat man sich anders gefreut als wenn man heute in der Überflussgesellschaft eine Anschaffung macht. Das war mir schon zu DDR-Zeiten aufgefallen.

Schon 1988 habe ich das zum Karneval so ausgedrückt:

Tante Minna aus Westfahlen
tat ´nen Walkman mir bezahlen.
Doch der schweigt in jedem Falle,
sobald die Bat´rien alle.
Da der Handel sie nicht hat,
lauf ich täglich nun zur Stadt.
Dann, nach 24 Wochen,
meine Laune ist am Kochen,
mein Verstand ist schon am Schwinden,
weil sich keinen Bat´rien finden...
Plötzlich sind sie einfach da!
Viel zu schwach wär ein Hurra!
Lang hab´s so ich nicht erlebt,
wie der Jubel mich erhebt!
„Dies Feeling ist schon eine Gabe!"
darauf ich zum Verkäufer sprach,
„ja, das Gefühl, das ich jetzt habe,
macht mir im Westen keiner nach!"

Als ich mal zu meiner Frau sagte, dass wir aufpassen müssen, dass wir das Freuen über Kleinigkeiten des Alltags nicht verlernen, meinte sie lakonisch: „Willst du dich wieder Donnerstags für Hartkäse anstellen?"

Ich muss nicht das schönste, luxuriöseste Haus und das schnellste Auto haben. Pragmatisch nutze ich gern, was es Schönes und Nützliches auf der Welt gibt, immer im Bewusstsein, dass wir es einerseits als Geschenk zu betrachten haben, andererseits als Gesellschaft trotzdem Verantwortung für die Zukunft unserer Kinder haben.

Die Freiheit der Meinung, der Rede und die territoriale Freizügigkeit genieße ich sehr und möchte nie mehr darauf verzichten, wenn ich auch anerkennen muss, dass es die absolute Freiheit auch in der Marktwirtschaft nicht gibt. Aber es gibt wenigstens die Freiheit des anders Denkenden, auf die zu viele angepasste DDR-Bürger zu leichtfertig verzichtet haben. Allerdings muss der Rechtspopulismus im Land zu denken geben. Da ignorieren offenbar sonst intelligente Mitmenschen den Klimawandel und verharmlosen die Pandemie. Intelligenz ist offenbar kein Widerspruch zu dumpfem Nationalismus und wegschauender Dummheit. Aber das muss eine starke Demokratie aushalten.

Ich habe ein großes Harmoniebedürfnis und möchte, dass es allen Menschen gut geht. Andererseits, in Erkenntnis meiner Grenzen, fühle ich mich auch nicht verpflichtet, die ganze Welt zu erlösen.

Es gibt noch so viele andere Dinge in meinem Leben, beglückende und deprimierende.

Wenn auch die Überflussgesellschaft beängstigende Züge annimmt und wir uns klar sein müssen, dass unser Reichtum auf der weltweit ungerechten Verteilung der Güter beruht, so würden wir auch niemandem einen Gefallen tun, wenn wir den Reichtum nicht nutzen würden, zumindest in vernünftigem Maß. Wir hatten einen großen Nachholebedarf an Reisen in die verschiedensten Gegenden der Welt. Die Elektronik eröffnet uns ungeahnte Möglichkeiten. 2004 brachte mir mein Sohn das digitale Fotografieren bei. Seitdem teile ich die Zeit in Zelluloidzeit und elektronische Zeit ein, denn eines meiner Hobbies sind inzwischen die „Krabbelmänner“ (Insekten) zu fotografieren.

All diese Dinge sind mir wichtig, aber wichtiger noch sind mir die Menschen meiner Umgebung, früher im Beruf, dann die Nachbarn und Freunde, in der Kommunalpolitik, Kirche und sogar in der Kirmesgemeinde (Mühlhausen hat eine große Stadtkirmes mit ca. 27 Kirmesgemeinden). An all diesen Stätten bringe ich mich so gut es geht ein.

Nach Beendigung des kalten Krieges, möglich geworden durch die Vorleistung Gorbatschows, hatten wir die Hoffnung auf eine immer friedlichere Welt. Diese Hoffnung liegt in Trümmern. Seither wurden Kriege von unvorstellbarem Ausmaß geführt. Die Bedrohung durch Terrorismus hat eine neue Dimension angenommen, so dass man an der Dummheit der Menschheit verzweifeln möchte.

Trotzdem will ich die Hoffnung nicht aufgeben, dass die große Politik die Kraft aufbringt, gegen den religiösen Fanatismus einerseits und den zerstörerischen, globalen Kapitalismus andererseits sich durchzusetzen, und die Erhaltung der Umwelt zu erreichen, obwohl die Hampeleien auf den verschiedenen (Klima)konferenzen usw. nicht zum Mut machen geeignet sind. Mein größter Wunsch ist, dass wir unsern Kindern noch eine bewohnbare, menschliche Welt übergeben können und nicht den letzten Rest an Natur dem unsinnigen Profitstreben Einzelner opfern. Es sollte doch den „Normalen“ auf der Erde gelingen, die Maßlosigkeit und den Fanatismus der Machtmenschen einzudämmen. Bei allen großen Leistungen des Kapitalismus müssen wir dafür sorgen, dass er unsere Erde nicht völlig kaputt macht. Wir sollten mit weniger Fleisch auskommen und die Massentierhaltung und andere Auswüchse des Kapitalismus in der Globalisierung bekämpfen. Daher bin ich für sehr bewussten Umgang mit der Natur. Fromm könnte ich es „verantwortlichen Umgang mit der Schöpfung“ nennen.

Ich möchte nicht verzweifeln. Vielleicht kann man das nur mit Sarkasmus erleben. Erwin Pelzig sagte: Warum willst du dich heute aufhängen, wenn du nächstes Jahr viel bessere Gründe dafür hast?

Bei all den Einschränkungen, die wir nach der Wende wahrnahmen, bin ich stolz, dass ich als jemand, der sich nicht für sehr mutig oder gar heldenhaft hält, im richtigen Augenblick die Angst hinter mir lies und als winziges Rädchen der friedlichen Revolution dienen durfte.

Wir sind im Wendejahr von Sachsen nach dem Westen Thüringens gezogen, und plötzlich waren wir im Mittelpunkt Deutschlands (dieser ist nur 4 km von Mühlhausen entfernt).

Deshalb will ich schließen mit einem Gedicht, das ich anlässlich des 20. Jahrestages der friedlichen Revolution geschrieben habe:

Für mich sehr wichtig, feierten
wir 20 Jahre Wende,
Zusammenbruch der DDR,
der Diktatoren Ende.

Es war zwar eine Revolution,
unblutig bis zum Ende.
Doch holpert da der Reim so sehr,
und deshalb sag ich „Wende".

Wir wolln nicht tun, als hätten wir
den Himmel nun auf Erden.
Jedoch zurück auf keinen Fall,
das sollte deutlich werden.

Der Mauerfall wurd´ groß gefeiert,
und das ist auch ganz richtig.
Jedoch ein andres Datum war
für uns besonders wichtig.

Seit Gorbatschows Aktivität
im Land brodelt´s schon lang.

Dass Änd´rung unausweichlich war,
darum war´s mir nicht bang.

In Leipzig gab´s die Demos schon.
Da schlief noch die Provinz.
Wir wachten auf und zeigten bald:
Wir sind doch eines Sinns!

Am 9.10. solidarisch
ging´s in Meerane los.
Gebet für Frieden in der Kirche,
die Angst war noch recht groß.

Dass sich ´s in Leipzig da entschied,
dass es unblutig blieb,
die Angst fiel plötzlich von mir ab,
was immer man auch trieb.

Berechenbar war der Vulkan,
auf dem wir tanzten, nicht.
Doch gab es plötzlich kein Zurück!
Im Tunnel wurd´ es licht.

Drum ist der 9. im Oktober
für mich der größte Tag,
an dem die Zukunft wurd´ entschieden,
und an dem alles lag.

„Bleib im Lande und nähre dich rötlich"
früher die Parole war.
„Bleib im Land und wehr´ dich täglich!"
Freiheit ist doch wunderbar.

FSC
www.fsc.org
MIX
Papier | Fördert gute Waldnutzung
FSC® C083411

Zeitfracht Medien GmbH
Ferdinand-Jühlke-Straße 7
99095 Erfurt, Deutschland
produktsicherheit@kolibri360.de

Druck:
CPI Druckdienstleistungen GmbH
im Auftrag der
Zeitfracht Medien GmbH
Ein Unternehmen der Zeitfracht - Gruppe
Ferdinand-Jühlke-Str. 7
99095 Erfurt